教育部人文社会科学重点研究基地四川大学南亚研究所

"一带一路"背景下
中印教育交流合作研究

向元钧◎著

国际文化出版公司

·北京·

图书在版编目（CIP）数据

"一带一路"背景下中印教育交流合作研究 / 向元钧著 . ——
北京：国际文化出版公司，2021.12

ISBN 978-7-5125-1285-6

Ⅰ . ①一… Ⅱ . ①向… Ⅲ . ①教育－国际交流－中国、印度
Ⅳ . ① G523.3

中国版本图书馆 CIP 数据核字 (2021) 第 113793 号

"一带一路"背景下中印教育交流合作研究

作　者	向元钧	
统筹监制	吴昌荣	
责任编辑	崔春来	
品质总监	张震宇	
出版发行	国际文化出版公司	
经　销	全国新华书店	
印　刷	北京虎彩文化传播有限公司	
开　本	710 毫米 ×1000 毫米	16 开
	11.625 印张	190 千字
版　次	2021 年 12 月第 1 版	
	2021 年 12 月第 1 次印刷	
书　号	ISBN 978-7-5125-1285-6	
定　价	68.00 元	

国际文化出版公司
北京朝阳区东土城路乙 9 号　　邮编：100013
总编室：(010) 64271551　　传真：(010) 64271578
销售热线：(010) 64271187
传真：(010) 64271187-800
E-mail：icpc@95777.sina.net

目　录

绪论

一、研究意义与背景：
"一带一路"倡议与中印教育交流

党的十八大以来，以习近平同志为核心的党中央统筹国内国际两个大局，开拓进取，相继提出了共同建设"丝绸之路经济带"和"21世纪海上丝绸之路"（以下简称"一带一路"）的合作倡议，并积极有序地推进相关工作。党的十九大报告指出，要以"一带一路"建设为重点，坚持引进来和走出去并重，遵循共商共建共享原则，加强创新能力开放合作，形成陆海内外联动、东西双向互济的开放格局。"一带一路"倡议彰显了新时期中国国际合作观的理论与实践创新，尤其是在扩大对外开放和发展对外关系上更具新亮点。2021年4月20日，习近平主席在博鳌亚洲论坛2021年年会开幕式上发表的主旨演讲中谈道："'一带一路'是大家携手前进的阳光大道，不是某一方的私家小路。所有感兴趣的国家都可以加入进来，共同参与、共同合作、共同受益。"继续高质量共建"一带一路"，中国有真诚的愿望，更有务实的行动。

"一带一路"倡议对构建我国全方位对外开放新格局、打造中外关系"升级版"、实现"四个全面"等战略布局具有重大而深远的意义。然而，作为世界第二大经济体、最大的发展中国家和最大的社会主义国家，迅速崛起的中国已成为国际社会的焦点，无论大、小动作都会引起外界的高度关注和各种反应。"一带一路"倡议也是如此。尽管该倡议受到了国际社会的普遍欢迎，尤其是被多数沿线国家视为共同发展的机遇，但是由于不同国家和地区的情况不同，因此，如何与相关国家更好地实现战略对接、因地制宜地推进"一带一路"建设，仍面临着不少困难和挑战。

南亚是我国推进"一带一路"建设的重要区域，蕴含巨大潜力。不过，作为该区域的核心大国，印度社会各界的看法却存在较大差异，官方对该倡议的态度也一直不甚明朗。长期以来，印度的"大国梦"笼罩着一种浓重的"中国情结"，即中国是印度所追求的大国地位的参照底线，也是印度大国地位的竞争者和超越对象,同时还是影响印度崛起的关键外部因素之一。因此,印度社会对中国的态度一直比较复杂,既有人极端地把中国看成印度的威胁者,也有人视中国为文明的姊妹和友好邻邦。当然,更多的则是在这两者中间摇摆,哪种想法占主导取决于事态的最新发展。①

(一)印度与"一带一路"

位于南亚和东南亚地区的"中巴经济走廊"和"孟中印缅经济走廊"的建设是我国"一带一路"倡议中的重要项目,但是"孟中印缅经济走廊"进展缓慢。有学者认为,该项目进度缓慢的因素主要来源于印度,而印度的态度有着复杂的历史和现实因素。自 2014 年 5 月莫迪总理上台以来,印度对华外交态度消极,曾两次缺席中国主办的"一带一路"国际合作峰会,对"一带一路"倡议持模糊态度,反对"中巴经济走廊",对"孟中印缅经济走廊"的推进采取"不合作"方式。莫迪政府为应对或对冲中国"一带一路"倡议,提出了一系列的宏观战略设计。有学者认为,莫迪政府对中国采取应对或对冲的方式,主要是因为印度对中国"一带一路"倡议,尤其是建设 21 世纪"海上丝绸之路"倡议存在较深的疑虑。②

对于中国提出的共建"一带一路"重大倡议,印度的反应主要包括以下三种:第一,主张保持警惕,实施战略防范,甚至予以反击。持这种观点者更多的是从零和博弈思维和地缘政治眼光来看待"一带一路"倡议的,其核心关注点集中在国家安全、印度在印度洋和南亚的主导地位等。甚至一些国外别有用心的媒体声称中国正通过资助等各种方式取得军舰海外停泊基地,将其称为"珍珠链战略",地点包括巴基斯坦、孟加拉国、缅甸、柬埔寨以及泰国等国家的有关港口或机场,这些国家在地图上连起来像一串珍珠,故有此名称。还有人表示,"一带一路"是一项霸权计划,将使中国成为亚非欧的中心,而让印度沦为次要国家,损害印度在印度洋的领导地位,并对印度的国际地位造成巨大压力。第二,提倡开展合作,参与"一带一路"建设,实

---

① 陈水胜,席桂桂."一带一路"倡议的战略对接问题:以中国与印度的合作为例 [J].南亚研究季刊,2015(3).

② 李亚文.2019 年中国南亚学会年会会议综述 [N].北方工业大学学报,2020(3).

现共同发展。这些主张要加入"一带一路"倡议与中国进一步开展合作的观点,则是看到了其对印度发展的重大机遇。丝路基金和亚洲基础设施投资银行可以助力于减少地区和社会群体之间的不平等,保护环境,为共同发展和繁荣创造条件。印度前外交秘书萨兰认为,基于自身的利益考量与现实需要,印度必须加入中国的"一带一路"倡议。有一些学者和官员从全球化的视角加以审视,认为"一带一路"倡议符合全球化的发展逻辑,每一个国家都只有在世界贸易中相互联系,才能获得持续的进步。也有人从自由主义的角度看待中印的"一带一路"合作。他们认为,在全球化时代,地区之间难以完全分割,印度应该放弃那种把印度洋视为"自家后院"的地缘政治思维,与中国积极开展合作,而不是相互对抗。第三,持观望态度,建议待"一带一路"的前景明朗化后再作选择。除了上述两种比较明确的态度之外,更多的则是在观望,或表示谨慎欢迎,要求中国进一步公布该倡议细节,以便印度对其真正意图作出正确判断和选择。比如,印度副总统哈米德·安萨里就曾表示说,印方需要了解更多的细节,以便全面地研究是否加入。他还提出,根据中印友好与合作框架,中方的这一倡议必须透明,以免引起误会。印度外交部部长在回答媒体"为什么印度不加入中国'一带一路'倡议"时说,印度并不需要给中国的计划开个"空头支票",并补充说印度会与中国在利益汇合的地方进行合作。不少学者也是如此,认为"21世纪海上丝绸之路"的提出缺乏透明度,印度不知道中国究竟要做什么,意图是什么?"21世纪海上丝绸之路"与现在的海上贸易运输有什么关系,是取代还是补充?中国在沿线投资建设港口等,必然有大量中国投资进入相关国家,这些投资必然需要保护,那么中国军队会不会进入印度洋?这些都是印度最想了解的。

印度被不少人认为是"一带一路"倡议的最大阻力之一。在此形势下,如何与印度实现战略对接,不仅会影响到"一带一路"倡议在南亚地区的推进,而且事关中印两个崛起大国关系的"再定位""再平衡",事关整个亚太地区的繁荣与稳定,值得备加关注。

(二)中国教育与"一带一路"

自"一带一路"倡议提出以来,国内教育界积极响应。

中国人民大学积极响应"一带一路"倡议,立足自身特色,发挥学科优势,加强人才培养,推进智库建设,积极建言献策,为"一带一路"倡议贡献人大智慧。①2018 年 5 月,中国人民大学在苏州校区成立丝路学院,发布了首份研究报告《构建"一带一路"学》,系统阐述"一带一路"建设的理论基础。发挥人文社会科学综合优势,倡导多学科交叉融合,如理论经济学学科创办"'一带一路'论坛",应用经济学学科发起并主持"'一带一路'智库论坛",为"一带一路"研究搭建高水平学术交流平台;哲学学科注重研究哲学国际化和本土化的关系,重视"一带一路"对哲学、伦理学和宗教学的影响,积极从哲学角度参与"一带一路"与人类命运共同体的理论建设;社会学学科建设公共健康科研创新平台,拓展"一带一路"国家和地区的公共健康合作关系;法学学科发挥"'一带一路'法律研究中心""国际政治与法律研究中心"的作用;新闻传播学学科加强"一带一路"和复杂全球化背景下的对外传播研究,为"一带一路"建设提供智力支持。早在 2015 年 5 月,中国人民大学还成立了下属科研机构:成立中国人民大学"一带一路"经济研究院,依托人文社会科学基础,整合校内外资源,聘请"一带一路"国家相关机构知名专家学者参与,开展"一带一路"经济理论、政策与实践研究。积极开展国内外学术交流与合作,举办"'一带一路'经济论坛""丝路论坛'一带一路'与共同体建设""'一带一路'新机遇,中俄关系新发展:'一带一路'倡议发表五周年学术研讨会"等活动,增进学术交流,加强国际合作。2018 年 9 月,来自俄罗斯、巴基斯坦、印度、印度尼西亚等"一带一路"沿线近 40 个国家的78 名人士成为丝路学院的首批学生。设立"一带一路"经济研究项目和国际商务硕士项目、新闻骨干人才全英文硕士项目、工商管理全英文本科项目等,面向"一带一路"国家招收的留学生数量逐年增加,培养质量不断提升。

兰州大学瞄准国家重大需求,积极服务"一带一路"倡议,在特色发展、自主创新上下功夫,推动与"一带一路"沿线国家人才培养、科学研究、人文交流持续发展。②实施"一带一路"留学生培养计划,接收来自"一带一路"沿线 39 个国家的 589 名留学生来校学习,占全校留学生的 93%。整合学校

---

① 中国人民大学发挥学科优势汇聚学术资源助力"一带一路"倡议. 中华人民共和国教育部网站 [2019-04-26]. http://www.moe.gov.cn/jyb_xwfb/s6192/s133/s135/201904/t20190426_379707.html.

② 兰州大学积极服务"一带一路"倡议. 中华人民共和国教育部网站 [2019-01-30]. http://www.moe.gov.cn/jyb_xwfb/s6192/s133/s220/201901/t20190130_368547.html.

学科和研究优势资源,与"一带一路"沿线国家广泛开展科研合作。依托生物制药国际科技合作基地,连续 8 年承办发展中国家科学技术培训班。与巴基斯坦国家农业理事会在生物质能源、循环农业经济等领域联合研发多项科研成果,在伊斯兰堡建立"中巴农业生物质能源技术研发与示范联合中心",进行科学研究、技术转移、示范推广、人员培训等,并协助企业实现生物质能技术与产能向"一带一路"区域转移。依托草地农业生态国际联合研究中心,与联合国环境规划署连续 7 年合作,在东非高原肯尼亚和埃塞俄比亚开展旱地雨养农业合作、技术研发与示范,与肯尼亚农业大学合作建立"中国—肯尼亚旱地农业生态合作研究中心"。依托中东亚干旱环境变化国际联合研究中心,与伊朗戈尔甘农业科学与自然资源大学开展伊朗北部第四纪环境变化研究,形成多项重要研究成果。打造由"一带一路"研究中心牵头,以中亚研究所、格鲁吉亚研究中心、阿富汗研究中心、印度研究中心、意大利研究中心和甘肃省高校新型智库为主体,以校内非实体性研究机构等为补充的智库架构,为"一带一路"相关研究提供智力支持。联合俄罗斯乌拉尔国立经济大学、韩国釜庆大学等 46 所高校成立"'一带一路'高校战略联盟",发布《敦煌共识》,共同打造"一带一路"教育共同体,不断开拓合作办学创新平台、打造教育资源共享平台、搭建学术科研合作平台、创新智库研究交流平台,目前加盟高校达 148 个。与"一带一路"沿线国家专家学者、智库机构积极开展一系列交流研讨,"中巴经济走廊建设系列研究"课题组访问巴基斯坦 6 所大学,参加了在旁遮普大学举办的"中巴经济走廊"国际研讨会;国家社科基金重大项目"丝绸之路中外艺术交流图志"课题组成员赴格鲁吉亚、亚美尼亚、俄罗斯开展课题调研与学术交流;与第比利斯开放大学联合主办"全球视野中的'一带一路'国际论坛"等。

四川大学积极响应国家"一带一路"倡议,充分发挥学科、地缘优势,深入实施"一带一路"教育行动,以促进"民心相通"为目的,以文化交流和教育合作为主线,积极开展"一带一路"教育交流与合作。[①]成立跨学科综合研究机构"一带一路"研究院,打造中国西部地区国际发展知识中心、"一带一路"区域发展智库。与地方有关部门共建国家南亚标准化研究中心,积极

---

① 四川大学深入实施助推"一带一路"建设行动计划. 中华人民共和国教育部网站 [2019-01-29]. http://www.moe.gov.cn/jyb_xwfb/s6192/s133/s208/201901/t20190129_368361.html.

开展"一带一路"相关政策、规则和标准体系研究。与成都市共建"一带一路"教育协同创新研究中心,开展沿线国家教育法律、政策协同研究,提供教育决策咨询服务。成立波兰与中东欧问题研究中心、阿富汗问题研究中心、尼泊尔研究中心、缅甸研究中心等9个与"一带一路"沿线国家相关的研究机构,提升国别区域研究水平。设立"一带一路"来华留学生奖学金,吸引来自印度、巴基斯坦、尼泊尔、斯里兰卡、波兰等20多个沿线国家680余名学生来校留学,为"一带一路"沿线国家培养高层次人才。持续举办以加强"一带一路"交流合作为主题的高水平国际学术会议和文化论坛,如中印关系国际研讨会、中国(四川)—"一带一路"防灾减灾区域合作研讨会暨南亚防灾减灾论坛、中国—南亚文化论坛、"'一带一路'与中东欧"圆桌会等,为促进"一带一路"教育交流与合作贡献力量。

复旦大学在人才培养、科学研究、人文交流、合作办学等方面着力打好"组合拳",构建多层面立体综合工作体系,在决策咨询、国际教育、科研合作等方面,为"一带一路"建设贡献力量。①设立"一带一路"沿线国家"讲好中国故事"新闻传播人才培养与创新项目,与沿线国家媒体机构合作培养国际传播人才,推进国际话语权后备人才建设。增强留学生培养力度,来自"一带一路"沿线国家留学生总数达858人。推动双学位、联合学位等合作培养模式,与46所中外高校成立"一带一路"高校战略联盟,探索高素质人才跨国培养新方式。整合政治、经济、法律、新闻、社会、历史等学科,形成学科综合校级研究平台,成立"一带一路"及全球治理研究院。举办"一带一路"与全球治理高层论坛,打造国内外"一带一路"和全球治理研究的理论高地、智库高地、人才高地、服务高地、开放高地。依托智库交往带动人文交流,举办"讲好'一带一路'故事"培训班,对"一带一路"倡议进行深度研讨。派出专家学者出访巴基斯坦、泰国、埃及等"一带一路"沿线国家,向当地学者、官员、民众宣传阐释"一带一路"倡议。举办"一带一路"高端智库论坛,积极推动"一带一路"学术交流。通过"复旦—俄罗斯国际事务委员会"中俄关系年度对话、"复旦—印度基金会"中印关系年度对话、中国—东盟大学

---

① 复旦大学打好"组合拳"服务"一带一路"建设. 中华人民共和国教育部网站 [2019-01-17]. http://www.moe.gov.cn/jyb_xwfb/s6192/s133/s164/201901/t20190117_367204.html.

智库对话、"中巴经济走廊"双边研讨会、中美大学智库对话、中日关系对话、金砖国家发展与治理论坛、"一带一路"与全球治理国际论坛等形式,建立定期、持续的学术对话机制。

上海电力学院立足自身能源电力特长,紧密对接国家"一带一路"倡议。[①]通过开设葡萄牙语、设立能源电力海外挂职实训基地等举措,提升本校人才培养与国家需求的契合度;同时建立能源电力国际人才培养基地,以高端精品培训为沿线国家人才充电。近两年来,上海电力学院已为印度尼西亚、波兰、巴基斯坦、蒙古、老挝、缅甸、俄罗斯、马来西亚、孟加拉国、尼泊尔、越南等十多个国家培训了300多名高级人才,涵盖能源电力管理部门的政府官员、电力骨干企业管理人员、电力技术人员等,受到相关国家高度赞扬。上海电力学院不断增加人才培养内涵,由短期培训转向长期培养,从技能学历培训延伸到本科生、研究生、在岗教师的教育,从国内进一步拓展到海外。建立"一带一路"能源电力海外挂职实训基地就是为人才专业成长护航的新举措。该基地首期与江苏中天科技股份有限公司合作,依托其48个境外代表处、6个境外注册分公司和4个境外工厂,把本校教师、学生、管理干部,以及国内各类能源、电力企业员工送往巴西、印度、印度尼西亚、越南等国家,开展赴海外学习、培训、挂职锻炼。

2019年5月10日全国职业院校技能大赛的一个全新赛项——高职组"互联网+国际贸易"综合技能比赛在天津商务职业学院开赛。该赛项面向国际贸易产业升级需求,以服务"一带一路"建设为核心,对选手的团队协同创新能力、沟通能力、尽责抗压能力及专业岗位能力进行综合考查。目的是鼓励职业院校国际贸易专业围绕"一带一路"建设,搭建专业、课程、培养机制改革平台,促进专业建设、教学改革的深入进行,力求为"互联网+"环境下国际贸易教育教学改革提供新的思路与方向。

北京交通大学充分发挥轨道交通领域学科优势与特色,聚焦"一带一路"沿线国家对高速铁路专业人才的需求,"订单式"培养铁路建设、运营及管理人才,深入做好轨道交通培训任务,为推动"一带一路"基础设施互联

---

① 上海电力学院:为"一带一路"培养光明使者.中华人民共和国教育部网站[2019-06-06]. http://www.moe.gov.cn/jyb_xwfb/moe_2082/zl_2017n/2017_zl29/201706/t20170606_306466.html.

互通提供有力支撑。

（三）中国与印度教育交流

旅印 30 余年的徐梵澄因契得中印精神文明之精髓,曾言:"求世界大同,必先有学术之会通;学术之会通,在于义理之互证。在义理上既得契合,在思想上乃可和谐。"

近代以来,中印两国都经历了西方殖民侵略的苦难煎熬,尽管两国因疆界等问题有过隔阂,双方甚至形成政治上的敌对状态,但两国的文化交流和民间往来从未停止过,世界文化长河的两大支流从未停止汇聚交融,许多仁人志士甚至用毕生的精力致力于喜马拉雅山两侧的交往与联系。传统的中印文化交流主要集中在佛教研究,近代以后中印两国的关系逐渐呈现出多层次和多样化的交往格局,中印贸易、文化、教育往来以及民间交流活动已经涉及经贸、教育、医学、科技、舞蹈等各个方面。1937 年印度国际大学中国学院的建立,直接推动了印度汉学研究黄金时期的到来,培养了大批研究中印文化的中坚人才,为中印学者进行交流提供了方便。进入 21 世纪后,中印文化交流逐渐渗透到教育和科技领域:印度著名的国家信息技术研究院(NIIT)早在 1988 年便开始与中国几十家教育培训机构建立合作关系;印度阿博泰克公司(APTECH)与北京大学青鸟集团于 2000 年 1 月合资组建北大青鸟 APTECH 专业 IT 职业教育公司,其开办的授权培训中心达 180 余家、合作院校达 500 余所;成立于 2004 年的中印科技联盟,也是中印文化教育交流的成功范例;2008 年郑州大学与印度韦洛尔科技大学及中印教育科技联盟共同在印度筹建第一所孔子学院,也成了现当代中印文化交流的破冰点,打破了长期以来中印教育机构缺乏合作的沉寂。

中国与印度的教育交流有助于实现教育的文化功能。首先,中印教育合作为中印文化交流提供高层次人才支援。文化交流离不开人,人才是一种文化"凝结物",一旦进入社会便会很快形成点状的"文化源",很容易集结成片状或体状,构成社会的知识群体或知识阶层,从而起到强大的文化扩散和辐射作用。教育的本质就是培养人才和传递文化。人才培养是文化传播的载体,尤其是高等教育的人才培养,人才接受的是高层次的知识熏陶,他们心智和品德的培养,强调内在自觉自发的感悟而获得的价值判断,是一种高层次的精神感悟。大学拥有不同于社会其他组织的独特文化氛围,高等教育的人才培养必定渗透了社会最先进、最具引领性的文化内涵。因此,中印高等教育合作的重要意义,在于通过高层次人才交流实现高层次文化融合。比如在建设世界一流大学方面,两国都有强烈的愿望,都不同程度地倡导和推行了相关建设计划,尽管迄今为止两国都还没有真正意义上的世界一流大学,但相似的国情和相同的目标,使两国在这一问题上积累了各自的经验和教训,双方开展高等教育领域的合作必将共同受益两国的世界一流大学建设。

其次,中印教育合作促进两国文化的深层次交流。"教育传播的文化是深层次的文化",进入教育合作领域的文化都是两国的主流文化,是经过千百年的实践检验和时间洗礼而形成的深刻文化,具有博大精深的渊源,是两国优秀文化的精髓。与其他方式的文化交流不同,国际教育合作在文化传播方面的程度更深。按照美国学者克拉克洪的分析,文化既包括人的行为方式及活动等方面的外在文化,即浅表层次的显性文化;又包括较深层次的隐性文化,如价值观念、思维方式、学术思想、政治理念、科学理论等,这些深层次的隐性文化唯有通过教育才能得到充分传播,它们既是学校教学的主要内容,同时也通过教师这一高水平学术群体的文化中介作用得到传播。随着科技进步和时代发展,科学技术蕴含的巨大力量使科技成为主导其他文化的重要基础性力量。教育的内容中逐渐增加了技术性、科学性的文化成分,使文化注入了新的时代特色。比如印度的软件人才培养模式和印度理工学院的工程技术教育的精英化培养模式,均可为我国高等教育所借鉴和学习。又如在世界一流大学建设方面,中国的世界一流大学计划启动早,相关项目建设的实施速度快、效果明显;印度的世界一流大学计划启动比中国晚,相关项目建设的启动和实施速度缓慢,其14所世界一流大学建设计划维持在较长时间的酝酿探讨阶段,这体现了两国明显不同的政治文化差异。中国世界一流大学的投资和建设主体是政府,且完全由政府和教育部门实施决策和管理;印度则由政府与私人高等教育机构、外国高等教育部门或高校共同筹办,多元化的投资和建设主体负责大学建设的决策、管理和监督。中印高等教育可以通过项目合作、人才交流、举办国际学术会议等形式学习和借鉴对方先进的办学理念、管理方法和行政文化,弥补各自的不足。

再次,中印教育合作拓展两国民间的文化互鉴,彰显东方文化之魅力。

教育是人才培养的摇篮和知识创新的源泉,中印高等教育规模位居世界第一和第三位,都处于高等教育大众化向普及化的转变时期,中印教育交流与合作将为占世界人口三分之一的两国普通民众提供互相进行广泛而深入了解的平台与契机。中印两国虽然有着几千年的友好交往历史,但两国普通民众之间的了解依然相对缺乏,多数印度人对中国的了解可能还停留在几十年前,中国人对印度的了解也可能只是气候炎热、交通拥挤、宗教意识强等。教育合作伴随着科技进步必将带来资源、人才的自由流动,尤其是高素质、高学历和高技能人才的自由流动,他们在异国工作、学习甚至安家置业,这意味着中印两国人民之间的了解和文化融合有了更普及和深入发展的空间。在全球化和国际化浪潮带来西方文化占主流地位的今天,拥有古老而灿烂文明的东方文化暂时蛰伏,高速发展的科技文明打破了原有的社会秩序,以政治和金钱为核心的社会系统侵占了以人和文化为核心的生活世界,由此出现了诸多问题。在这种环境下,中印高等教育合作带来的两国民间的文化互鉴,有利于促进以中印为代表的东方文化的整合与振兴,凸显东方文化的优势,这对西方科技文明所带来的问题具有很好的抑制作用,也有利于打破西方发达国家在政治、经济、教育等方面的垄断,打破中印两国的"巨型边缘化"危机。

"国之交在于民相亲,民相亲在于心相通。"民心相通是"一带一路"建设的重要内涵,而教育合作、文化融通、文明对话则是促进沿线国家和地区民心相通的必由之路。印度作为毗邻我国的发展中大国,也是"21世纪海上丝绸之路"的重要国家,其对我国倡导的"一带一路"构想始终保持着经济上想利用、政治上很抵触的犹豫态度。从中印双边关系来看,两国人文交流尤其是教育方面的交流与合作的压力要远远小于政治、经济等领域的压力。与中印关系的重要性相比,两国对相互的人文教育交流积极性并不高,交流交往的缺失直接导致了相互之间了解与认知的程度不高。中印关系的未来和推动力量来自两国民众。新形势下,加强人文交流,增进两国民众的了解与互信,显得尤为迫切。因此,加强两国教育方面的交流合作是两国搁置争议、增进民族理解、加强文化沟通、实施战略对接的重要途径。

二、研究现状

（一）国外研究

1. 教育合作

近年来，国际教育合作交流发展很快，合作形式也呈现多元化，从传统的留学合作转变为多样性的跨国教育合作形式。跨国教育合作交流的迅速发展，引起了专家学者的广泛关注，开展了大量的研究，并产生了许多相关领域的学术成果。菲利浦·G. 阿特巴赫（Philip G. Altbach）在《高等教育变革的国际趋势》中提出了世界高等教育的发展是不平衡的，落后的国家和地区应该向高等教育强国学习与借鉴；分析了教育合作交流的动因与现实；提出了高等教育国际化的现实与挑战的实质就是学术自由。萨瓦·布加拉森（Savar Bugalason）在《跨国高等教育的新趋势》中对世界各国跨国高等教育的总体特点和发展态势作了宏观的分析，并对各国跨国高等教育的政策框架和特点进行了分析和归纳。斯蒂夫·阿丹（Steve Adan）等人分析了跨国教育的人才培养模式和课程设置。达希（B. N. Dash）在《印度教育史》中从历史的角度介绍并分析了印度的教育史，较为完整地展示了印度教育的发展历程，为研究高等教育相关背景提供了参考。莫里斯·拉扎（Moonis Raza）是20世纪90年代以来较早关注印度高等教育的学者，他在《印度高等教育》一书中描述了印度高等教育的发展，并对未来进行了展望，具有指导性意义。提拉克（J.B.G.Tilak）关注的是印度高等教育改革问题，他在《印度高等教育改革》一书中指出印度高等教育存在的弊端，并提出相应的解决措施以供借鉴，为印度高等教育改革描绘了蓝图。另外，印度 Comp-U-Learn 技术公司（Comp-U-Learn Tech India Ltd）介绍了印度优质 IT 职业教育，并编写了教学用书，从多层次和多角度对此进行了细致分析论述。国外学者主要探讨的是教育交流合作的相关理论和战略，并就印度社会的变化对印度教育的影响进行了论述，对印度高等教育面临的问题做出了分析，其中虽然对印度高等教育的发展与印度现代化关系有所阐述，但是仍然缺乏印度教育与国外教育合作的范式的论述，多是在谈到如何解决困境时提及向国外学习经验和教训，缺乏系统的论述。印度学者更多地关注印度与西方先进教育国家的教育合作，对亚洲主要是日本、韩国、新加坡等国家关注较多,对中国的教育合作需求的关注度很低。[①]

2."一带一路"倡议相关研究

以美国为代表的西方学者站在各自的战略立场上普遍对"一带一路"倡议持担忧态度,认为中国的"一带一路"倡议势必会加强中国在亚太地区的领导,从而削弱美国在亚太地区的传统优势地位。而印度国内对"一带一路"倡议更是持谨慎态度,虽然一些学者对其提出某些质疑,但仍有许多学者坚持该倡议会给印度带来实现快速发展的机会。

美国学者罗伯特·伯克(Robert Berke)2015 年 5 月发表在《时代周刊》(*The Times Weekly*)的《新丝绸之路可能改变全球经济》(*New Silk Road Could Change Global Economics Forever*)中谈到"一带一路"倡议的意义时指出:"古老的丝绸之路促进已知世界的贸易,但它带来的影响已经远远超越了贸易。"这是美国学者对"一带一路"倡议作出的相对客观的评价,因为"一带一路"倡议不仅是中国的,更是世界的,在不久的将来,它必将对所惠及地区的商业贸易、文化交流、工业发展产生更加深远的影响。美国学者迈克尔·辛格(Michael Singer)2015 年 8 月 4 日发表于《参考消息》的《中国—伊朗探戈舞:核协议为何对中国有利》一文中指出:"伊核协议的达成,将使已经牢固的中伊关系在不受约束的情况下发展,两国经济与战略关系尤其是'一带一路'倡议或因伊核协议而受益。""一带一路"倡议的目标之一就是将中国与周边国家都联系起来,通过经贸往来和文化沟通实现中国国内与外部的长治久安。所以,中国计划通过"一带一路"倡议建设一条从东亚开始、途经中东和中亚地区,延伸至欧洲,将沿线国家和地区的能源、基础设施和海上有机联系起来,而伊朗正处于这些地区的中心地带。作者认为,中伊经济安全关系的发展可能会对美国构成挑战,它将削弱由美国主导的现存国际秩序,威胁美国在中东地区的霸权。

希亚姆·萨兰(Shyam Saran)2015 年 4 月 21 日发表于印亚新闻社网(Indo-Asian News Service English)的《印度率先反对中巴经济走廊》(India Should be Upfront in Voicing Opposition to China-Pakistan Economic Corridor)强调,要从多个视角看待中国的"一带一路"倡议,印度不应过分

---

① 冉凌峰.云南与印度高等教育合作研究 [D].昆明:云南师范大学,2013.

抵制,也不应有"膝跳反应",而应努力探寻有利于印度发展的方面,借助"一带一路"倡议为印度所用,同时提出了"一带一路"倡议给印度带来的负面影响的应对措施。作者指出,莫迪政府提出的"季风计划"只具有"某种象征意义",印度要清楚自己的发展目标,而不是单纯提出一个应对口号来表达自己对"一带一路"倡议的消极态度。

3. 中印合作相关研究

印度学者巴拉德·歌什(Ballads Goshen) 在其著作《印度和中国: 21世纪新的战略伙伴? 》(*India and China: New Strategic Partners for the 21st Century?*)中深入分析了中印合作的必要性,对影响中印合作的边界争端、西藏问题、中巴关系等阻碍因素进行了客观分析,指出中印双方在 21 世纪存在更多的共同利益,合作是必然趋势。作者认为中印双方应该加快本国发展,寻求双方利益共通点,合理看待双方竞争关系,加快推进双方合作,实现共赢。戴维·史密斯(David Smith)在《龙象之争:中国、印度与世界新秩序》(*The Dragon and the Elephant*)中认为,到 2050 年,中、印、美将成为世界上最有影响力的三个国家。随着世界局势的变化,世界秩序将重建,重心会逐步向东方国家倾斜,只有那些早已洞悉世界新秩序的国家才能提早做好准备,迎接挑战。作者首先对中印两国历史进行了简单回顾,接着分别从中国和印度展开分析,比较中印两国的发展,最后提出中印将会促成世界得以改变的 10 种状况。虽然在中印两国的发展前景上似乎有些过于乐观,但作者提出的"中印合作将影响整个世界"的观点确实值得借鉴。①

(二)国内研究

1. 教育合作

随着跨国教育合作的迅速发展,国内许多专家和学者也相继投入到这个领域的研究中,内容包括跨国教育合作的基本理论实践经验与总结等。王剑波在《跨国高等教育理论与中国的实践》一文中对跨国高等教育相关理论作出了阐述,并总结了跨国高等教育在中国的实践经验和教训。杨辉

---

① 柳溪. 中印战略合作伙伴关系研究 [D]. 石家庄:河北师范大学,2014.

在《跨国高等教育视野下我国高等教育中外合作办学研究》一文中指出了跨国高等教育中外合作中的经验与教训。林金辉、刘志平在《论高等教育中外合作办学的规范和引导》一文中指出了跨国高等教育合作应该如何加以规范和引导。周洁在《高校中外合作办学的双语教学模式探索》一文中指出关于高等教育中外合作办学课程设置与教学方法和形式相关问题。关于印度高等教育的书，顾明远，梁忠义在其《跨国高等教育理论与中国的实践》的"世界主要国家教育"部分，介绍了印度教育的内容，属于常识介绍；马加力先生在《当代印度教育概览》中，则从当代印度教育的基本状况出发，介绍了印度教育体系；赵中建先生的《战后印度教育研究》，围绕战后印度教育建设的基本情况进行了研究分析。但这类书籍是关于印度整体教育系统的介绍，包括很多初高等教育，对于印度高等教育的介绍只占其中的极小部分，而且仅是对印度高等教育的状态进行一般性叙述，过于粗浅，缺少对印度教育合作交流的分析评价。在目前所收集的资料中，对印度高等教育介绍较为翔实具体的有曾向东的《印度现代高等教育》，该书对印度高等教育进行了全方位的介绍，包括：独立前的高等教育发展概述、独立后的高等教育发展概述、大学在高等教育和科学进步中的历史作用、高等学校科学研究、技术教育和研究、师范教育和在职教育、医学教育和研究、农业教育和研究、中央政府在高等教育中的作用、科塔里教育委员会、高等学校的管理、学生参加学校管理和大学自治、学生运动、教师地位和服务条件、独立后高等教育的主要成就和问题、改革高等教育的新政策措施、印度发展高等教育的经验教训等方面，内容丰富，资料来源广泛。

在学术论文方面也有不少相关论述，如王丽娜的《印度高等教育管理研究》，从印度高校教育管理体制出发，研究了印度高等教育管理中的问题并提出对策，从行政角度进行了比较详细的论述。胡风在《印度高等教育大发展的原因与得失》中介绍了印度独立后高等教育发展中的积极因素及其促进作用，并从反面对发展的不足作了比较充分的介绍，是对印度高等教育发展历程的因素分析。王东、李长友在《看印度高等教育的跨越式发展》中认为，印度高等教育发展极为迅速，具有很多的优势，是值得我们参考的标准之一，有助于我国高等教育发展。张克勤在《印度高等教育的发展特点探析》中介绍了印度高等教育发展的特色以及值得参考的价值因素，是对印度高等教育的优势进行比较完善的解析。安双宏在《印度落后阶级受高等教育的机会》中,从阶级的角度对印度高等教育作出分析,对印度落后阶级受教育情况作了详细描述,并指出其中的不足。综上所述,大量的学术研究已经涵盖了印度教育的许多方面,对印度高等教育的发展历程和特点介绍以及不足的研究相对丰富,但是在教育合作交流的研究方面存在不足。

2. "一带一路"倡议相关研究

亚投行副行长金立群、北京大学研究院教授林毅夫等人联合编著了《"一带一路"引领中国》并于 2015 年 10 月第一次出版。该书以"一带一路"为核心,从战略格局、亚投行、金融崛起、大国外交等角度切入,详细讲解了中国在目前复杂多变的国际环境中的战略选择和应对。又把当前政府工作作为切入点,分别对"一带一路"的制定思路、核心内涵、实现方式、面临的机遇与挑战以及所产生的影响进行了详细分析。

《"一带一路":机遇与挑战》由国际问题专家王义桅教授编著,2015 年 5 月第一次出版。该书是国内第一部从国际关系角度解读"一带一路"倡议的理论著作。该书首先对"一带一路"倡议进行了详细解读,指出,"一带一路"倡议既超越古代,又超越近代;既有助于推动中华文明的转型,又有利于推动近代人类文明的创新,从而促进"中国梦"的实现。其次第二、第三章分别讲解了"一带一路"带来的机遇和挑战,"一带一路"建设是中国走出国门,实现全面对外开放的倡议,对于开展周边外交、促进地区合作、推动全球发展都会产生积极影响。同时,作者也从地缘、安全、经济、法律和道德这 5 个角度提出"一带一路"所要面临的挑战。最后作者提出推动"一带一路"倡议落实要进行理念创新、理论创新和方式创新。

赵磊的《"一带一路":中国文明的崛起》从"文化经济学"的角度解读"一带一路",指出它不仅是一个经济事件,更是一个文化事件,是中国文明崛起的标志。第一、二章从经济文化角度对"一带一路"倡议进行深刻解读,第三章纠正了对"一带一路"倡议的十大错误认知,第四章将"一带一路"置于国际视角下,详细探讨了美国、日本、俄罗斯以及印度等世界主要国家和沿线国家对"一带一路"倡议的认知与需求,在最后第五章中作者对多年翔实的调研数据加以分析,并提出若干建议。

由国家权威智囊机构的研究员厉以宁、林毅夫,郑永年等编著的《读懂"一带一路"》是对"一带一路"倡议的系统解读之作,第一章就从政治、经济角度对"一带一路"倡议进行解读,详细介绍了其内涵、主题以及推进思路等问题。第二章对"一带一路"政策从高层进行解读,将其落脚到经贸、国际关系、文化、基础设施等方面。第三章详细讲解了"一带一路"倡议构建对外开放新格局。第四章讲解了"一带一路"助飞新常态。第五章从经济角度讲解了"丝绸之路经济带"在重新构建亚欧大陆桥所发挥的作用。第六章讲解了"21世纪海上丝绸之路"将帮助我国迈向海洋强国。第七章介绍了"一带一路"建设建设潜在的风险与障碍。第八章从历史的角度解读了"一带一路"。由于是由不同专家所作,所以每一章对于"一带一路"倡议的解读都有所不同。

仇华飞2015年2月发表于《国外社会科学》的《美国学者视角下的中国"一带一路"构想》一文,着眼于美国学者对于"一带一路"倡议的解读,并分析了所面临的机遇和挑战。首先,"一带一路"带有巨大的战略意义,美国学者主要从地缘政治、安全战略以及经济利益等领域进行解读分析,认为"一带一路"具有三个战略目标。其次,对于美国十分关注的亚太地区,美国学者指出,"当今中国必然会将自身力量扩展至全球地缘政治的重要支点中亚,并进而寻求覆盖整个中亚大陆"。作者提出,恐怖主义威胁是影响"一带一路"倡议顺利落实的一个主要挑战,所以这也提醒我们,在推进"一带一路"倡议的过程中,要尽量避免地缘政治风险。最后,作者依据美国学者的其他言论总结出"一带一路"倡议在实施过程中所面临的机遇和挑战。"一带一路"倡议的实施是惠及全世界人民的大蓝图,对国际形势的发展必将产生积极影响,但站在美国全球利益角度上的美国学者仍然感到"担忧和不安","在他们看来,中国试图改变国际秩序,重新制订新的国际规则并最终促成一个平行的而非西方的国际经济架构的建立,这些必然会削弱美国的霸权地位"。

3. 中印合作相关研究

文富德、李涛、张力等主编的《中印缅孟区域经济合作研究》是关于南亚前沿问题的研究丛书,主要讲解了中印缅孟区域即中国的西南地区、印度的北部和东北部地区、缅甸和孟加拉国等的经济合作研究。该书首先介绍当下中印缅孟区域所面临的经济合作的巨大机遇,而后分析中印缅孟经贸往来现状,即中印缅孟区域经济合作的国际大背景和有利条件。第三章主要对中印两个大国的经济发展模式转型展开比较,并且分析了两国的商品贸易结构,接下来从信息产业合作、能源合作、旅游与农业合作三个方面详细介绍中印缅孟区域合作的领域。第七章讲述中印缅孟区域经济合作的通道建设问题,即开展中印缅孟区域经济合作的内在动力、合作领域和交往途径。第八章提出中印缅孟区域经济合作的发展态势与未来走向,着重强调新世纪的中印关系将是一种新型的大国关系。在最后结语部分,对构建中印缅孟区域经济合作提出结论性见解以及我国的相应对策。

陈利君等编著的《中印能源合作战略与对策研究》,主要探讨了中印能源合作方面的战略以及对策。作者先从世界大形势出发,探讨世界能源形势的变化以及我国相对应的对策研究,接着第三章分别阐述了美国、日本、俄罗斯、欧盟以及印度的能源政策。印度能源政策的目标主要是保障印度的能源供需稳定,对外寻求更多的能源合作。接下来第四章主要解析了当今世界能源发展的特点,得出发展中国家特别是中国和印度将会成为世界能源消费的重要拉动力。在第五、六、七、八章中,分别从中国、印度的能源供需状况,印度的能源战略以及印度的能源外交政策展开分析。第九章开始详细分析中印能源合作的现状、前景、原则、重点与途径。第十二章对于如何推进中印能源合作提出9点建议。

王宏纬的《当代中印关系述评》按照历史分析方法,将新中国成立以来的中印关系分为四个阶段,分别是新中国成立初期双方建交、20世纪60年代初西藏叛乱及中印边界争端,使得双方走向边界战争,冷战后中印逐步走向合作但依然潜存冲突,最后作者以乐观的态度展望了未来的中印关系,认为只要中印双方能吸取正确的经验和教训,并将它们转化为持久的行动,那么中印两国几千年的传统友谊就会在新时期继续发扬光大,中印关系就可以持续健康地发展。

王晓文和李宝俊的《中印关系的现实困境:原因及前景分析》,概述了当前中印关系发展中所面临的现实困境,并对造成这些困境的原因做了详细分析,对中印关系的发展前景作了相关预测。在中印关系的现实困境中,除了传统的边界问题和西藏问题外,还提出了贸易问题和安全问题同样是当下中印关系中的现实困境。作者指出中印关系的前景:"虽然两国面临着许多难以突破的现实困境,但是中印关系将保持积极、稳定的发展趋势。"

王嵎生的《中印携手空间无限》,通过两国的政策导向、学者的态度、民间声音,分析中印两国合作具有的坚实基础,得出中印两国携手合作必将空间无限的结论。

（三）国内的"一带一路"与中印合作研究

由刘祖明、冯怀信发表在《当代世界与社会主义》2015 年第 4 期上的《"一带一路"背景下中印两国"认同"利益的建构分析》，从建构主义认同理论视角，分析了中印两国在"一带一路"背景下"认同"利益的具体方面以及详细的建构策略。莫迪自出任印度总理以后，对外奉行实用主义政策，将"发展第一，增长至上"作为印度发展的重要理念，提出印度的发展需要更深一步扩大开放。而中国提出的"一带一路"倡议也旨在促进经济要素有序自由流动、资源高效配置和市场深度融合，推动沿线各国实现经济政策协调，开展更大范围、更高水平、更深层次的区域合作，共同打造开放、包容、均衡、普惠的区域经济合作架构。在中印两国利益认同的具体方面，作者从和平与安全、发展与稳定两个方面展开分析，得出两国有诸多方面利益的认同，为中印两国实现合作提供理论基础。最后，作者提出了中印利益认同的具体实施路线，分别是"加强两国政策沟通，促进两国设施联通，确保两国贸易畅通，加强两国资金融通，实现两国民心相通"。

杨思灵的《印度如何看待"一带一路"下的中印关系》，分析了中国提出"一带一路"倡议以来印度方面的反应，认为印度没有积极响应"一带一路"的发展倡议，主要原因分别是其大国心理作祟，将中国视为印度强大的竞争对手，担心本国在印度洋上的安全以及其他经济方面的原因。而后作者提出，印度虽然对于"一带一路"倡议反应冷淡，但并不代表不合作。最后作者就中印两国在"一带一路"背景下如何推动合作提出了 6 点建议。

甘均先在《国际问题研究》2015 年第 4 期中的《"'一带一路'：龙象独行抑或共舞？"》一文中提出，印度国内对于"一带一路"始终保持战略防范态度，期待中国的政策明朗化，并且针对性地提出了替代性的"季风计划""棉香料之路""棉布之路"等政策。作者还从大国自尊和国家安全两个方面指出印度态度消极的原因，对于印度的替代性政策作者也详细分析了其局限性。最后，在"一带一路"背景下两国合作方面，作者指出了其前景是"中印两国将处于'竞合并存'状态"。

林民旺在《印度对"一带一路"的认知及中国的政策选择》中认为，"在推进'一带一路'倡议的过程中，周边国家对'一带一路'的支持与否就成为观察其对中国崛起态度的重要指标"。就印度的反应而言,显然是认为"一带一路"对其构成了挑战。作者先从印度角度上分析其对于"一带一路"倡议意图的判定,总结印度智库、媒体以及学者对于中国"一带一路"倡议的看法。印度方面更多看到的是"一带一路"倡议给中国带来的机遇,以及对本国带来的挑战,当然也有学者认识到"一带一路"倡议对中印来说都是机遇,所以双方就此问题展开了激烈探讨。对于印度方面,中国要采取相应的政策使得印度转变冷淡态度,作者尝试为促使印度加入"一带一路"合作提出政策选择。

冯乃康、李杨的《"一带一路"倡议下中印能源合作前景浅析》,主要讲解了"一带一路"倡议下中印能源合作的前景问题,认为中印两国在能源问题上有相似的处境、合作的基础,但两国在能源问题上也存在诸多竞争,为了克服恶性竞争给两国带来的不利影响,两国有必要进行合作,实现能源问题上的共赢。关于两国能源合作的现状,作者认为两国政府、企业都取得了很大进展,但是还不够,"一带一路"必将为中印能源合作提供更加难得的契机。最后,作者提出"一带一路"必将在秩序创立、制衡创设、机遇创造和制度创新四个方面对中印能源合作产生更加积极深远的影响。

陈菲的《"一带一路"与印度"季风计划"的战略对接研究》就中国的"一带一路"和印度的"季风计划"展开分析,重点对印度的"季风计划"展开了深入分析,包括该计划的两个阶段、概念、其与"一带一路"以及印度国内对"一带一路"的看法,认为虽然多数学者将"季风计划"看作是印度抵制"一带一路"倡议的应对性措施,但两者之间并不是完全对立的。接下来,作者从概念对接、功能对接和文化对接三个方面提出"季风计划"与"一带一路"的对接设计。但由于中印两国长期存在的边界问题、西藏问题导致互不信任,印度方面始终"犹豫不决",加之"季风计划"本身存在的缺陷,使得二者的对接依然存在巨大挑战。

王张的《"一带一路"建设背景下的中印传统医药交流与合作》认为,传统医药交流与合作成为中印人文交流的重要领域。受中印传统医药文化差异和国际竞争等因素的影响,中印两国的传统医药交流与合作尚不理想。建议中印两国政府搭建更多的合作平台,增进相关领域的交流合作,加强双边学术交流和翻译医典,开展教育合作和互设诊疗中心,有力促进中印两国民心相通。

三、教育交流合作的内涵

教育交流是人类文化交流的重要内容,对促进民族、国家及地区的教育发展有极大的推动作用。有学者认为,教育交流主要指不同区域或国家间人员、资产、文化等教育要素相互流动、相互影响的动态过程和结果;教育合作是不同教育区域群体间互补、共享和协作的方式及过程。作为教育活动开展的重要方式和途径,二者的主要目的是实现在更加广泛的范围内积极开发、使用教育资源或条件,达到优势互补、共同协作,最终实现教育目标的优化与教育效益的最大化。教育交流是教育合作的前提和初级形式,教育合作是教育交流的高级形态。尽管交流也含有合作的因素,但健康持久的合作必须以交流为前提,为达到共同目标积极开展行动才能形成。所以,教育合作是交流良性发展的高级形态与阶段。

教育交流本身即知识、思想、文化以及制度展示、传播和影响的途径。借助教育交流,可以拓展自身软实力。国际教育交流作为一种特殊的国际交往活动,通过人与人之间的接触、交流和访问,不仅传播知识,同时也传播文化和价值观念。它不仅涉及资本的流动,还涉及人员的流动,兼具学术性和政治性。

教育交流是知识创新、思想提升、文化发展和制度优化的重要动力之一,可以同时提升国家的软实力和硬实力。余子侠将教育交流分为顺向交流、逆向交流和互相交流。顺向交流指我国处于先进地位时,将自身文明和文化传输给其他民族或国家,此时交流处于一种主动、积极的态势。逆向交流则是我国作为一个文化接受者,吸收其他民族和国家的先进文化内容,并将其融解于自身的文化中,这在近代社会表现得比较明显。互相交流即前两者的综合,既包含对外的文化传输,又涵盖自身的吸纳与借鉴,在这一过程中,国家间的地位是平等的。邬大光认为,教育交流作为一种文化现象与教育方式,既可以是学者的一种个体行为和学术机构的一种组织行为,也可以是一个国家教育活动的整体行为,甚至是某种宗教团体传播宗教信仰的宗教教育活动。

本书中的教育交流合作是指不同区域或国家之间教育要素的相互流动,并且形成互补、共享与协作等合作方式的动态过程与结果。

第一章
中印教育交流的历史源头：
源远流长的中印文化交流

中印文化交流源远流长,对于起始时间至今研究者们说法不一,从文字记载看,历时 2000 余年而不衰,成为人类文明交流史上的典范。季羡林先生把中印文化交流史分为 7 个阶段:一、滥觞(汉朝以前);二、活跃(后汉三国);三、鼎盛(两晋南北朝隋唐);四、衰微(宋元);五、复苏(明);六、大转变(明末清初);七、涓涓细流(清代和近现代)。在这悠长的历史进程中,中印两大文明相互接触、碰撞,进而吸收、改造,直至融合、同化,演奏出一章又一章壮美的人类文明交响乐。概言之,中印之间"上至天文地理,下至语言和日常生活,中间的文学、艺术、哲学、宗教、科学、技术等等,在很多方面,无不打上了交流的烙印"。

一、公元前:交往通道的探索时期

中印文化交流开始于何时,已无法考证。但印度古人至迟在公元前 4 世纪就已知道中国。印度《摩诃婆罗多》《罗摩衍那》和《利论》等古籍中,曾多次提到"支那"(Cina,即中国)。《利论》约成书于公元前 4 世纪,其中就有关于中国丝的记载,说明当时两国之间就已经有丝的贸易。上古时,中印两国都把天空中的星座分为 28 个,而且顺序相同,说明中国和印度之间已有天文学的交流。

在公元前的几个世纪,中印文化交流的特点是在探索交往通道的同时进行贸易往来。据中国西汉司马迁《史记》记载,张骞于公元前 139 年出使西域,历时 13 年回国。他在大夏(一般认为即吐火罗,在今兴都库什山以北的阿富汗东北部地区)看到了中国四川出产的蜀布和邛竹杖,据当地人说,是从在印度做生意的四川商人处得来。汉武帝刘彻得知此事,派遣十余批使者到中国西南寻找通往印度的道路,都因受当地人的阻挠无功而返。张骞出使西域是丝绸之路的"凿空之旅",所走的道路被称为"西域道"。由于西域道的开通,汉朝派往印度的使节日益增多。《史记·大宛列传》记载,张骞第二次出使西域时,曾派副使到印度。在张骞之后,公元前1世纪,中国平均每年派七八个使团前往西域,每个使团的人数都在百人以上,约八九年往返一次。频繁的交往使中国对印度的了解增多。《汉书·西域传》记载了当时印度一些地区的地理、物产、民俗及其与汉朝的关系等。从中国西南通往印度的道路一直存在,民间的贸易活动也一直在进行。这条道路被称为"滇缅道"。此外,公元前2世纪,中国与南印度之间还通过海上交往,这条通道被称为"南海道"。《汉书·地理志》记载了一条从广东到黄支(今南印度泰米尔纳德邦金奈附近的甘吉布勒姆地区)的清晰航线,同时还给出了一份确切的航行日程表。当时中国运往印度的货物主要是黄金和丝织品,印度输入中国的物产主要是宝石、水晶和玻璃制品。

二、公元1—6世纪:佛教的引入与兴盛

公元前后,佛教由印度传入中国。这是中印文化交流史上最重要的事件。最初佛教得到皇帝认可,有少数贵族信奉,他们以佛陀为神,与老子一起供奉。后来,信仰者逐渐增多。据《高僧传》,最早来华的印度僧人是约公元1世纪的摄摩腾和竺法兰,公元2世纪的安息人安世高、月氏人支娄迦谶等。他们来华后主要从事佛经的翻译工作。[1]公元1世纪,中国有了第一座寺院白马寺和第一批汉文佛经。公元2世纪,笮融成为中国佛教史上的传奇人物。他掌管广陵(今中国江苏扬州)、下邳(今中国江苏睢宁)、彭城(今中国江苏徐州)的粮运,用大量钱财雕造铜佛像,建造塔寺。在他的管辖范围内,听经学法的人可免除徭役,有5000多户人家皈依佛教。每到浴佛节,他都在长达数十里的路上摆满筵席,前来吃饭和围观的百姓近万人。

公元220—580年,中国与印度的文化交流已全面展开,双方的人员往来频繁,贸易活动增多,彼此间了解加深。这一时期最显著的特点是印度佛教文化的大规模东传,出现了印度佛教徒来华传教的高潮。据《高僧传》,

---

① 中印文化交流百科全书[M]. 北京:中国大百科全书出版社,2014.

这一时期来华的印度僧人有三四十人之多。他们不仅译经传法,还把印度的天文历算、医药、建筑、绘画、雕塑等知识和技艺带到中国。公元3世纪,中国开始有人西行求法。朱士行于260年动身西行,穿越大戈壁,来到于阗(今中国新疆和田)。朱士行在这里找到一部梵文本佛经并派人将佛经送往内地。之后一直留居于阗。20余年后,竺法护游历西域诸国,学习了36种语言文字,搜罗了许多佛经。多年后,他从西域带回大量梵文本佛经并在洛阳、长安等地译经传法。公元4世纪,西行求法的代表人物是东晋时期的鸠摩罗什。他9岁时随母西行,到印度学习佛法。12岁时动身返回,途中数年,学习了印度各种知识。385年来到凉州(今中国甘肃武威),401年被后秦文桓帝姚兴请到长安,并待以国师之礼。公元5世纪,西行求法的代表人物主要是法显。他于399年与慧景、道整、慧应等人一起去印度寻求戒律。有人中途返回,有人病死印度,有人留居印度。法显在印度巡礼佛教圣地,学习佛法,并搜罗和抄写佛经。法显后从海路经斯里兰卡、爪哇等地,于412年回到中国。随后,他写出游记《佛国记》(又名《法显传》)一书,并翻译了大量佛经。《佛国记》记载了法显西行途中的经历和见闻,也记叙了当时印度各地的佛教状况及风土人情,对研究印度历史具有重要价值。

公元3—6世纪,中国与印度各国政府间的往来增多。428年,南朝宋文帝刘义隆收到天竺迦毗黎国国王月爱的国书;502年,梁武帝收到印度屈多王的国书。这两份国书都保存在中国的正史中。与南朝保持联系的主要是南印度,其交通路线是南海道。根据《魏书》的记载,451—521年,印度各地派往北魏的使者至少有27人次。北魏也派出多批使者到印度。与北魏保持联系的主要是北印度诸国,其交通路线是西域道。这一时期,印度的使者给中国带来各种奇珍异宝和稀有动物,而中国传到印度的主要是丝制品。

由于佛经的大量翻译和许多印度僧人来华,印度的一些天文历算医药卫生知识也传到中国。如《隋书》就记载有《婆罗门天文经》和《婆罗门算经》等多部天文历算书籍,还有《龙树菩萨药方》《龙树菩萨养性方》等医药养生书籍。它们在中国流传,并对中国的天文历算和医药养生产生影响。《高僧传》卷四《于法开传》说,于法开"祖术耆婆,妙通医法",还善于针灸,他是最早把中印传统医术结合起来的人。陶弘景是中国古代医学家之一,他也在自己的医学著作中介绍过印度医学理论。

由于佛教的传入和大量佛经的翻译,公元3—6世纪,中国出现了一大批志怪小说。鲁迅称之为"释氏辅教之书"。这些书不仅向中国民众介绍了印度佛教的宇宙观、人生观、道德观以及思维方式,还体现了印度古人丰富的想象力和文学创作技能。

佛教给中国绘画带来了新题材和新技法。公元 3—6 世纪,中国出现了一批擅长画佛画的专业画家。如东晋画家顾恺之在建康瓦棺寺墙壁上作的《维摩诘》曾轰动一时。东晋画家戴逵画过不少佛像,还雕刻过 6 丈高的无量寿佛木像。张僧繇擅长画佛教人物,经常去寺院画壁画。他还曾在寺门上采用从天竺传入的画法绘制图案,远看凹凸不平,近看却是平的。北齐画家曹仲达的画受到印度雕刻的影响,人物衣服的皱褶画得很逼真,被称为"曹衣出水"。同时,这一时期出现了被认为是中国佛教音乐奠基人的、三国时期的文学家曹植,他于 230 年改编和创作了《太子颂》等曲子。公元 6 世纪,南朝梁武帝萧衍改革宫廷音乐,增加很多佛教内容,还让音乐家沈约作佛曲在宫廷演奏。

三、公元 6—10 世纪:政府间与民间交往的高潮

618 年唐朝建立后中国走向强盛。唐朝奉行对外开放政策,西域道基本畅通。有许多印度人来华经商、定居、做官。这一时期中印文化交流主要表现为求法运动高涨和政府间交往频繁。继法显之后,西行求法者不绝于途,至唐朝而达巅峰。据义净《大唐西域求法高僧传》,641—691 年,有 40 余位唐朝僧人去印度取经。此前和此后,中国去印度求法的僧人还有很多。玄奘 627 年从长安出发,两年后到达印度。他在北印度巡礼佛教胜迹之后,在佛学中心那烂陀寺住学 5 年,又周游印度,遍览名胜,广求高师。饱学后重返那烂陀寺,升坛开讲。后结识戒日王、鸠摩罗王等。645 年,玄奘携佛经657 部、佛像若干尊,载誉回抵长安。次年,玄奘撰成《大唐西域记》12 卷。书中玄奘记叙了西域 138 个国家和地区的历史、地理、宗教、民俗、语言、文字等情况,为研究古代中亚和南亚的历史、社会和文化提供了极为宝贵的资料。玄奘回国后,在朝廷的支持下办起了规模空前的译经场,成为中国翻译史上的一大盛举。玄奘倾后半生精力,译出佛经 74 部,1335 卷。不仅丰富

了中国佛学经典的宝库，还为中国的翻译学做出了贡献。

玄奘之后，还有许多中国僧人到印度取经学习。这一时期南亚各地来华的僧人，有达摩笈多、波罗颇迦罗蜜多罗、那提三藏、若那跋陀罗、佛陀多罗、佛陀波利、尊法、无极高、地婆诃罗、慧智、阿你真那、菩提流志、极量、善无畏、金刚智、不空金刚、利涉、智慧、牟尼室利莲华生、释天竺、般若、钵怛罗等。其中，善无畏、金刚智和不空金刚影响较大。唐代求法运动的高涨，促进了中国与印度的文化交流，并加快了中印文化融合。中国佛教已经发展到成熟期，出现了不同的宗派，如三论宗、天台宗、法相宗、华严宗、禅宗、净土宗等。尤其是禅宗的出现，标志着印度佛教的中国化过程已经基本形成。

这一时期政府交往逐渐增多，据《隋书·西域志》，隋炀帝杨广曾派遣韦节、杜行满等出使西域诸国。他们在印度得到佛经和玛瑙杯等物。据《旧唐书》《新唐书》《通典》《册府元龟》，唐代中国与印度的官方接触很多，双方都曾多次互派使者往来。641 年，戒日王派使者来华，唐太宗李世民赐给玉玺和书信表示慰问。唐朝的王玄策出使印度约 3 次，回国后写下《中天竺国行记》一书，据说有 10 卷，还有附图 3 卷，内容涉及宗教、地理、政法、艺术、民俗等。该书今已佚失。《隋书·音乐志》载，隋初宫廷设七部乐，其中有天竺乐舞。30 年后，又设九部乐，仍有天竺乐舞。佛曲在唐代十分流行，不少乐舞艺术与印度有关，而且有些乐器也是从印度传来的。据《大慈恩寺三藏法师传》卷五，戒日王在见到玄奘时问起过中国的《秦王破阵乐》，说明当时中国的乐舞也受到印度的重视。公元 9 世纪前后，寺庙成为文化娱乐的场所，一些大的寺院，如慈恩寺设有专门的"戏场"，主要表演乐舞百戏。

文学方面，唐代诗人与印度来的僧人有密切来往，他们经常写诗赠送印度友人。唐代出现了被称为"唐传奇"的短篇小说，从中能够看出印度的影响。如《柳毅传》，讲的是柳毅为龙女传信并与龙女结婚的故事，而龙女形象的产生与佛经有关。再如《南柯太守传》，讲一个人进入了蚂蚁王国，并在蚂蚁王国里当官、娶妻、生子。这不仅体现了奇异的空间观，还突破了人与动物的界限。其大都与印度古人思维的影响有关。在佛教影响下，唐代出现了一个新的文学体裁"变文"，通过讲一段唱一段的形式讲唱佛经中的神变故事，如《降魔变文》《目连救母变文》等，都是宣传因果报应、地狱轮回的作品。变文对中国后世的小说创作产生了深远影响。

佛经中有不少涉及天文历算的内容。如玄奘译的《俱舍论》、义净译的

《佛说大孔雀咒王经》、金刚智译的《北斗七星念诵仪轨》、法成译的《诸星母陀罗尼经》等。唐代译经家不空高僧所译的《宿曜经》最有天文学价值。此经分上、下两卷,详细介绍了古印度关于二十八宿、七曜、十二宫、星占等方面的知识,是研究中印古代天文历算的重要材料。

四、公元10—17世纪中叶:海上交往的兴盛

这一时期,中国与印度的文化交流仍处于高峰时期。尽管由佛教所带动的文化交流逐渐衰微,求法运动亦渐趋终结,但代之而起的是海上交通和贸易的发达,是以往任何一个时代都无法比拟的。

佛教交流方面,据《佛祖统纪》,972—1053年,又有一批印度僧人来华译经传道。此后便渐无声息。同时,中国僧人赴西天取经的运动也出现了最后的辉煌,据《佛祖统纪》卷四三,乾德四年(966年),宋太祖曾下诏募集往西天求法的人,应诏者157人。于是,政府组织这些人前往印度。这种由皇帝倡议、官方组织集体求法的行为,在历史上是第一次,也是最后一次。而在西藏地区,求法活动仍在继续。公元10世纪末至15世纪末是藏传佛教的"后弘期"。这一时期,藏传佛教的一些主要宗派,如宁玛派、噶丹派、萨迦派、噶举派和格鲁派等已经形成。念智称是公元10世纪后半叶到西藏的印度学者,他精通五明论和佛教显密宗,在西藏传播佛教,并翻译了不少显密经典,还写过一部藏文文法书《语言门论》。仁钦桑布是西藏佛教复兴时期最重要的人物之一。他曾3次去印度留学,先后向75位学者学习,回到西藏后曾翻译50部显教经论和108部密教典籍。东印度人阿底峡曾是超岩寺的上座法师,1042年应邀到西藏传播佛法,有许多追随者。他所著的《菩提道炬论》在西藏影响很大。公元10—13世纪,有很多青年到印度留学,出现翻译家160余人,而到西藏从事翻译工作的印度僧人也有七八十人之多。公元10—17世纪,印度的医药学、天文学、因明学、音韵学、文学、艺术、语言、文字等都对西藏产生了深刻影响。

这一时期中印间的海上往来很多。当时南印度的使者和僧人来华一般都走水路。据《宋史·外国传五》和《佛祖统纪》,1015年注辇国派使者来华,

带来了梵文经书,使者还带来了注辇国王罗荼罗乍的国书。从国书可知,南印度人得知宋朝消息,也是商人由海路传递的。此外,《宋史》还记载了南印度和北印度多次派使者来华的事件。使者们往往都带有礼物,如珍珠、象牙、药物和香料等。元代尤其是元世祖忽必烈统治时期,中印政府间交往最频繁。1272—1294 年,元朝遣使到印度 11 次,印度各国遣使到中国 13 次。公元 15 世纪前期,中国的航海事业进一步发展。郑和七下西洋,增进了中国与印度交往。与郑和同时,侯显也曾多次奉命出使印度各地。

商品贸易方面由于海上交通的便利,这一时期中印间有了大宗的商品交换。据宋人赵汝适《诸落志》卷上,984—987 年,泉州不仅有许多印度商人,还有印度僧人建寺传播佛教。据宋代周去非《岭外代答》卷二,当时在南印度西海岸南端的故临,也与中国有密切的海上交通。元代汪大渊曾两度随船至南洋考察。其第一次出海在 1330 年,4 年后返回。第二次是在 1337 年,两年后返回。他曾到过印度许多地方,回国后于 1349 年撰成《岛夷志略》一书。书中对印度各地记载颇详,对了解元朝与印度的海上文化交流极有帮助。

这一时期中印之间药物的交流更加频繁,数量更大。其主要原因是海上交通和贸易的发展。《元史》卷十二和卷十三都有印度进献药物的记载。《明史》卷三二六记榜葛剌国的"贡物",有乳香、熟香、乌香、麻藤香、乌爹泥、藤竭、粗黄等。另据《西洋番国志》《星楼胜览》等书,当时印度人特别喜欢中国的麝香。明人李时珍的《本草纲目》汇集了中印医药文化交流的宝贵史料。书中介绍和考证了许多来自印度的药物,收取了一些印度传入的药方,并对其制作、效力等做介绍和评价,说明当时这些药方已被医家采用。而一些含有印度药物的药方,则证明当时有一部分印度药方已经融入了中医。

五、公元 18—20 世纪中叶：近现代时期的新联系

中国与印度之间互动的近现代时期,是一个丰富而复杂的时期。在新的条件下旧的以贸易为基础的联系依然维系,而基于民族主义和反帝国主义之上的新关系也在同步发展。技术和其他方面的变化,使中国与印度在

一些方面相互靠近,但政治发展在某些情况下又导致新的紧张局势。殖民主义和帝国主义在亚洲的扩张影响了两个文明古国之间历史悠久的关系。与此同时,这一时期也是中印两国知识分子、政治活动家、作家和艺术家试图在新条件下重新发现和认识对方的时期。

中印之间的陆路贸易从远古一直持续到这一时期。横贯喀喇昆仑山脉的贸易活动,将印度北部地区与中国新疆的喀什及莎车等绿洲城镇联系起来。印度北部及东北部的一些地区,与西藏也有贸易关系。由于自然条件非常不利,陆路贸易量并不大,但它一直持续至20世纪中叶。由于中国与欧洲之间茶叶贸易的迅速增长,印度与中国之间海上贸易出现复兴。公元16世纪,欧洲商人现身于东亚洲内部的海上贸易已经很繁荣。从1775年起,在印度和西方公司的推进下,印度先后出口原棉和鸦片至中国,印度西海岸新兴的孟买港与中国广州之间的直接贸易剧增。陆上和海上贸易的发展,促进了印度和中国的人口流动。与中国的海上贸易的复兴导致印度商人群体出现在中国沿海地区。早期的印度商人主要出自帕西人社群、以孟买为基地的巴格达犹太人社群,以及一些布赫拉派和伊斯玛仪派穆斯林商人。第一次鸦片战争后,这些印度商人开始长期侨居中国。他们从进出口贸易起家,随后商业兴趣逐渐多样化,进而步入中国东部港口城市的其他商业领域。

20世纪现代中国对印度文明的系统研究开始兴起。1916年,许季上率先在北京大学讲授印度哲学。1917—1924年,梁漱溟在北京大学讲授印度哲学。1922年,汤用彤留学归国,在一些大学讲授中国佛教史、印度哲学史等课程。1931年,通晓梵文和巴利文的陈寅恪在清华大学开设佛典翻译文学课。从1924年始,包括僧人在内的许多中国学生前往印度留学。1942年,在云南建立了国立东方语文专科学校,首次设置印地语课程,此外还设有印度历史、印度宗教、印度社会等课程。1946年,北京大学成立东方语言系,教学内容包括印度的语言文学。1949年,东方语文专科学校合并于北京大学东语系。与此同时,泰戈尔从中国返回印度后,非常热衷于在自己创立的位于孟加拉省圣蒂尼克坦的国际大学内设立一个研究中国和中华文明的中心。1927年他在新加坡遇到中国青年学者谭云山,遂邀请他访问国际大学。谭云山前往并驻留国际大学,开始讲授汉语。在创办现代印度第一家中国研究中心的过程中,谭云山成为泰戈尔的主要合作者和助手。他为建立这一中心而返回中国募集资金。在中华民国政府、中印学会及其他支持者的协助下，1937 年 4 月 14 日，中国学院举行落成仪式。新建的中国学院具有自己独特的建筑，还有一个藏有大量中文著作的图书馆。

20 世纪 30 年代，位于新德里的国际印度文化学院是另外一个从事中国研究的机构。它由 R. 维拉创立。维拉从 1937 年开始研究中国文化和印中关系史，并与中国建立学术联系。1938 年，他写成《〈罗摩衍那〉在中国》一书。30 年代后期，印度浦那的费尔古森学院成立了一个研究中国学的中心。巴帕特、戈克雷二人开始从事梵文、巴利文和汉文、藏文佛教典籍的比较研究。

这一时期印度的中国学学者中，最突出的是师觉月。他在加尔各答大学获硕士学位后于 1923 年前往法国，在法国汉学家 S. 列维的指导下学习中文。1945—1956 年在国际大学任教并从事研究。他撰写了很多涉及印度与中国之间文化互动等方面的重要著作。

20 世纪 30 年代，日本侵略中国受到印度舆论的广泛谴责。除撰写文章和发表讲话反对日本侵略外，印度领导人还组织了各种活动，包括募集资金和组织"中国日"，以表示对中国的同情和支持，同时让印度公众普遍了解中国的抗争。1939 年，尼赫鲁访问重庆。中印两国人民在战时合作最为知名的范例，是印度派遣医疗队前往中国，援助进行抗日战争的中国人民。1938 年 8 月，印度援华医疗队成立。第二次世界大战期间，印度政府与中华民国政府决定互换使节。最初印度使节驻于重庆，而后随着战争结束印度大使馆遂迁至南京。在印度于 1947 年独立后，双方使节的身份提高到大使级。这标志着中印两个现代国家首次建立外交关系。

六、中华人民共和国建立后多方面交流与联系

1949 年中华人民共和国成立后，中国与印度在 1950 年 4 月 1 日建立外交关系，印度成为第一个非社会主义国家在中国设立大使馆的国家。20 世纪 50 年代，中国与印度增强双边往来，1954 年中国总理周恩来访问印度，从 1951 年起两国贸易开始启动，1954 年 4 月 29 日，两国签订了《关于中国西藏地方和印度之间的通商和交通协定》，还签订了两国间的第一个贸易协

定。这一时期,中国输往印度的货物主要有大米、大豆、生丝、机器、变压器、羊毛、纸张等;印度输入中国的货物主要有麻制品、大米、豆类、烟叶、化学品、药品、云母、电扇、毛织品、机械等。1954年两国政府在签订的《关于中国西藏地方和印度之间的通商和交通协定》的序言中,把和平共处五项原则确定为指导两国关系的准则,1955年4月在印度尼西亚万隆举行的亚非国家会议上,经过修订的和平共处五项原则文本获得通过。中国与印度之间定期的教育、文化和科技交流始于20世纪40年代,50年代亦多次互派代表团访问。

1962年中印边界冲突之后的十多年里,中印两国之间的正常关系基本中断,各种往来几乎全部中止,直至70年代以后才逐渐得以恢复。曾为印度援华医疗队成员的巴苏华为之付出了努力,70年代中期至80年代中期,他数次访问中国,临终之际还要求将自己的骨灰分撒在中印两国。这一时期也出现了其他一些表示亲善的非正式交流,为双边关系的恢复做了准备。1978年我国开始向欧美发达国家大规模派遣留学生,中印之间的留学生教育也从无到有,随着时代的脉动逐渐展开。1979年,印度外交部部长A.B.瓦杰帕伊成为相隔多年之后首个访问中国的印度高级官员。20世纪80年代,中印两国领导人开始在各种国际峰会间隙会晤。两国开始派遣文化和教育代表团互访,通过增进相互了解,为开展实质性合作项目铺平道路。这一时期的合作主要从语言和文化艺术交流开始,例如,北京大学东语系的张双鼓、中国国际广播电台的刘学斌和赵玉华、东方歌舞团的张均、中央音乐学院的陈自明、中国社会科学院的王树英和龚国强等,都是两国恢复交流之后早期赴印度的留学生。这一时期赴印留学的人数屈指可数,但日后他们在各个领域都成为佼佼者和领军人物。改革开放初期的赴印留学生既是留学生教育的受益者,也是中印两国文化教育交流的先行者。

1988年5月,中印两国签署了《中华人民共和国和印度共和国政府文化合作协定》,旨在推动文化艺术和教育等方面的合作交流,包括双方互派教育代表团访问、为对方国家留学生提供奖学金资助、互派访问学者等内容。根据该协定,以两年为一个周期,协商具体交流内容。

1988年12月19—23日,印度总理拉吉夫·甘地访问中国,标志着中印两国已经恢复高层联系,成为两国关系正常化具有重要意义的一步。除会见中国总理李鹏外,拉吉夫·甘地还与邓小平等中国领导人会见,两国政府还签订了科学技术合作协定、民用航空运输协定和文化交流与合作执行计划。此后，两国高级领导人互访迅速发展并常规化。1988 年，两国就文化合作协定 1988—1990 年执行计划达成一致，规定双方互相派遣"不超过 12 名留学生"，学习对方国家的语言和艺术等专业。1991 年 3 月，双方又签署了文化合作协定 1991—1993 年执行计划，其中包括双方每年最多交换"不超过 17 名奖学金生"，并同意通过外交途径聘请对方国家教师任教，协助大学之间建立学术合作关系。1995 年 2 月，中印两国政府根据 1988 年在北京签订的中印文化协定，签署了 1995—1997 年执行计划，其中包括互派文化和教育代表团、互派研究访问学者、每年相互提供 25 个奖学金名额。双方同意鼓励互派留学生，为公费和自费留学生提供入学手续和签证方面的便利。此后，两国间的公派留学生规模长期保持稳定，未曾突破过这个上限。1997年，印度自费来华留学生只有 7 人，2011 年，教育部出国留学政策调研组到印度考察，发现"2003 年以前，每年到印度留学的中国人最多不超过 20 名"。从改革开放初期直至 21 世纪的前 20 多年里，世界上人口最多的两个国家之间，留学生教育的人数之少令人难以置信。教育交流和人员往来的严重不足，使两国民众之间缺乏最基本的了解，相当多的人把对方国家的情况建立在媒体的夸大宣传和自己的想象之中。这一时期，中印之间的留学生教育在艰难的政治经济环境中起步，从无到有，从点滴开始积累，虽然人数少、影响力有限，但始终没有中断，为之后的发展奠定了基础。

随着两国之间经济关系的发展，中印两国人民互访、在对方国家生活和工作的人数也大幅度增加。据调查，2014 年就有 2 万余名印度人生活在中国内地。他们主要是学生（8000 人以上）、商人和企业家、专业人员，散布在中国的很多省份。进入 21 世纪以来，数百万中国人造访了印度，许多人到印度的佛教圣地朝觐，中国人在印度任软件专业人员、注册会计师和企业家的数量也在日益增加。拉吉夫·甘地 1988 年访问中国推动了中印两国之间的文化交流。从那时起，众多文化代表团互访。中印两国分别组织了多次印度节和中国节，著名的文化合作范例包括：印度在洛阳白马寺西侧建造了一所印度风格的佛殿，中国帮助印度在玄奘造访过的著名教育中心那烂陀寺遗址附近修筑了一座玄奘纪念堂。中国总理温家宝于 2010 年 12 月、李克强于 2013 年 5 月访问印度以及印度总理辛格于 2013 年 10 月访问中国发起的文化交流项目，激发了各种不同领域的活动，包括作家、表演艺术家、考古学家、档案学家等人员的交流,电影节和其他文化节的举办,以及学术、出版、体育交流和青年代表团互访等。

中印两国学者之间的学术交流也在稳步增加,涵盖多种学科。除官方主办的文化交流外,还有民间交流。印度的瑜伽、食品和电影在中国越来越受到人们的青睐。中文课程、中国武术和某些形式的中医在印度的声望日益提升。中印两国在地区和全球论坛的合作也日趋增多。温家宝总理2005年4月访问印度时,两国政府发表联合声明,宣告两国确立了"面向和平与繁荣的战略合作伙伴关系",双方不仅从双边的角度,而且从全球战略视角考虑两国的关系。在国际贸易、地区安全、海洋安全、环境生态等问题上,中印之间有更大的合作协调空间。

第二章

中印教育交流合作动因

一、地缘因素

所谓地缘关系,最初是指人们由于出生或居住在同一地域而形成的人际关系。比如同乡关系、邻里关系、故土观念、乡亲观念就是这种关系的反映。地缘关系涉及地缘政治、经济、军事、文化多种关系,这些关系的存在与地理位置因素密切相关。

中国位于东亚,有着 5000 年的悠久历史,是世界四大文明古国之一,是以汉族为主要民族的统一多民族国家。在历经几千年的演变和朝代更迭后,1949 年建立了中华人民共和国,形成了人民代表大会制度的政体。印度是南亚次大陆最大国家,同时也是世界四大文明古国之一。公元前 2500 年至公元前 1500 年之间创造了印度河文明。公元前 1500 年左右,原居住在中亚的雅利安人中的一支进入南亚次大陆,征服了当地土著,建立了一些奴隶制小国,确立了种姓制度,婆罗门教兴起。公元前 4 世纪崛起的孔雀王朝统一了印度,印度教兴起。公元 1600 年英国侵入,建立东印度公司。1757 年沦为英国殖民地。1947 年 8 月 15 日,印巴分治,印度独立。1950 年 1 月 26 日,印度共和国成立,为英联邦成员国。

中国和印度两国有着天然的地缘关系,中印同属世界文明古国,又是山水相依的邻邦,两国间的边界线长达 1700 多公里。在两三千年的漫长历史中,两国一直保持着友好往来,中印友谊源远流长。长期以来,边界问题已成为影响中印关系发展的核心问题。在很大程度上,边界问题成了两国关系的晴雨表。中印之间边界矛盾的升级和缓和很大程度上源于印度对中印边界争议问题的认知,而信仰体系、环境因素、学习过程是影响印度相关认知的重要因素。在地缘竞争越来越激烈的态势下,中印之间的边界问题随着双方的地缘冲突而波荡起伏并被强化和扩大化。在国内政治和国际社会因素的影响下,中印两国之间的边界争议问题无疑成为影响两国关系深入发展的重要因素。

二、历史文化

由于地理上的原因,中华文明与古印度文明接触最密切,相互交流时间也最持久。印度文化有三方面内容。一是以宗教为中心,印度文学、艺术、音乐、舞蹈,雕刻都以宗教为中心,其表现形式和内容也都与宗教有关,连政治法律的制定、人的道德观念的形成,以及各民族的风俗习惯,也都是在宗教的影响下产生和发展起来的。宗教融于印度文化之中,无宗教就不成其为印度文化。二是佛教文化在印度文化中占据重要地位。佛教这一思想的产生,是在与婆罗门教森严的种姓制度的斗争中发展起来的。婆罗门祭司被称为"人间之神",是知识的垄断者和人间生活的指导者。他们是人上之人,为第一种姓,其余的则为第二、三、四种姓,种姓的高低决定一个人的生活和在社会上的地位。佛教文化在印度文化中占据着极为重要的位置,若要研究印度文化,则必须重视研究佛教文化对印度文化的贡献和影响。三是以诗代史,印度文化的另一个特点是以诗代史。目前印度最权威的历史书是《高级印度史》,由 R.C. 与字达、H.C. 赖乔杜里和卡利金尔·达塔合著。印度最为著名的两部史诗《罗摩衍耶》和《摩诃婆罗多》就是以诗代史的代表作;印度学术界亦称《摩诃婆罗多》是古印度的一部百科全书。

在前一章已经谈到,中印文化交流在先秦时期便已开始。到两汉时期逐渐频繁,在隋唐时期趋于高潮,宋元时期更加深入。在悠久的历史交往中,文化交流是柱石。印度的佛教、音乐、舞蹈、天文历算、文学语言、建筑和制糖等传入中国。同样,中国的造纸、蚕丝、瓷器、茶叶、音乐传入印度,也极大地丰富了印度文化,而中国《二十四史》和高僧大德的游记更成为印度构建古代历史的基础。两个大国地理上相邻,交往历史如此漫长,却鲜有战争和冲突,有的只是文化上的交流和学习、友谊的传播和加深,这在世界历史上实属罕见。自新中国成立和印度独立后,两国文化交往再度繁荣。由于文化交流是巩固友谊的基础之一,两国政府都非常重视文化的作用。伴随着两国关系的每次重大突破,两国在文化合作方面也都有大动作。1988 年,印度总理拉吉夫·甘地访华时,两国签署了文化合作协定。2003 年,瓦杰帕伊总理访华时签订了《中印政府文化合作协定 2003—2005 年执行计划》。2007 年 6 月,在印度首都新德里中国文化部部长孙家正和印度旅游和文化部部长安比卡·索尼共同签署了《中印政府文化交流协定 2007—2009 年执行计划》。该计划是两国政府文化交流的框架性文件,内容涵盖文学、艺术、考古、图书、博物馆、体育、青年事务以及大众传媒等多个领域内的交流与合作项目。这些协定和计划使两国的文化交往向机制化发展。

中印两国在文化、教育和基本国情方面有着许多共性,同属发展中国家,同是文明古国,又都是人口大国,印度独立(1947 年)与新中国成立(1949 年)时间相近,两国的发展阶段相仿,都处于政治、经济和教育的高速发展时期,都急切需要教育尤其是高等教育来创造更多的教育机会,培养更多的高端人才,促进人口素质的提高和国家整体实力的提升。尽管中国和印度的高等教育规模位居世界第一和第三,但其高等教育的质量和水平还与世界一流大学有相当大的差距,因此中印两国政府都特别注重并大力发展高等教育。印度自独立后,教育成为其摆脱贫穷落后、脱离对英国长期依赖并向发达国家转型的有效工具。为了发展先进知识和培养出社会需要的高素质、能力强的劳动者,独立后的印度政府全面发展和完善本科教育和研究生教育,在高校设置了几乎所有发达国家大学中都开设的所有专业,可见政府和社会对高等教育发展寄予厚望。印度的一些理工学院、技术学院、管理学院和医学院每年都提供世界顶尖的工程学、管理学、技术类和医药类的大学教育,这些专业为印度的经济和社会发展发挥了极为重要的作用,培养出的人才遍及世界各地。印度已成为世界上仅次于美国和中国的第三大科技人才库。印度政府的"百万软件人才"计划培养了大批世界顶尖级的软件人才。目前,印度在联合国系统内的各个组织或机构任职的人达数万人。改革开放以来,中国的高等教育发展迅速,无论是在办学规模还是在教学质量上都有了快速的发展。1998 年中国高校招生规模仅为 108 万人,2011 年达 675 万人,高等教育毛入学率达 26.9%。无论是建设"985""211"工程,还是实施高等教育强国计划,政府对高等教育的政策倾斜和经费支持力度都在不断加大,高等教育发展有了长足进步。"十五"期间,高校的科研经费仅占全国科研经费的一成,但高校在中国科技"三大奖"——国家自然科学奖、国家技术发明奖、国家科学技术进步奖中却占据了半壁江山,以较小的投入做出了较大的贡献。中国高校的学科水平、社会服务水平和科研水平等显著提高。

进入 21 世纪以来,中印两国的教育发展迅速,都处于从精英化向大众化和普及化教育转变的关键时期；在现代教育模式上借鉴西方经验，不断探索如何根据本国实际情况合理借鉴西方的教育思想和管理模式。两国高校都以公立学校为主，都有强大的政府监管以确保教育质量。目前两国高校都致力于进一步提高入学率和教育质量，不断增加教育投入。两国政府都将高等教育发展提升到国家战略发展的高度来予以重视，都在努力实施建设世界一流大学的战略计划，并在政策和资金方面给予了强力支持。两国都意识到是否拥有世界一流水平的大学不仅是衡量一国高等教育发展水平的重要尺度，更是国家科技发展、经济实力等综合国力的重要体现。通过比较中印高等教育的发展历程发现，两国高等教育发展存在很多共识，这些共识为两国的高等教育合作提供了契合点，同时也是中印承继千年之久的文明对话与文化交流的基础。

两国文化交往的民间基础也较好，即使在两国关系恶化的时期，季羡林先生和他的弟子们还坚持将古代印度两大梵文史诗《罗摩衍那》和《摩珂波罗多》翻译成中文。[①]就交往的内容和形式而言，1988 年前，中印交往的形式比较单一，隔几年派个文艺代团，由少数高校或研究机构翻译介绍一些著作，引进的几部电影让几代人看了几十年，最多搞个"文化周"。而现在则推出了"文化月""友好年"等活动。在 2006 年"中印友好年"间，两国文化交流占据了重头戏，在当年两国商定的多个交流项目中，文化项目就占了一半，涉及的内容相当丰富；互派文化部代表团，互办"电影节"，中国向印度派京剧团，在印度举行"山西民俗艺术展""陕西文化周"，印度则派宝莱坞电影歌舞团来华。印度那烂陀寺玄奘纪念堂和洛阳白马寺印度风格佛殿相继落成并举行开光典礼。[②]此外，还举办了两国之间的美食节、文物展览会、文化研讨会等。中印文化古老而有生命力，它们曾创造了世界上最灿烂的文明，现在又在"携手追寻民族复兴之梦"。[③]中印之间的文化交流在这种背景下有着深远的意义。

---

① 薛克翘.中印文化交流史 [M].北京:中国大百科全书出版社,2017.

② 刘彦好.中国与印度:文化交流 意义深远 [N].人民日报,2006-03-31（15）.

③ 携手追寻民族复兴之梦——2014 年习近平在印度世界事务委员会的演讲.人民网 [2014-09-19]. http://politics.people.com.cn/n/2014/0919/c1024-25690774.html.

三、教育政策

中印两国政府都高度重视发展两国教育文化交流,尤其是进入 21 世纪以来,教育交流的地位和作用得以在两国关系中迅速上升。但相较而言,两国之间还存在着"龙象之争"的竞争关系。对于中印两国的教育文化交流来说,首要的是加强沟通,增进理解,相互适应,求同存异;长远的则是建立互信,缩异扩同。近年来,随着国力增强和国际地位的提高,中国文化开始受到越来越多的关注。通过中印两国的教育政策促进两国教育、文化交流,对增进两国相互理解、更好地开发两国核心文化教育资源、开展有效的教育交流意义重大。

(一)中国关于教育交流与合作的政策

改革开放以来,我国颁布了一些国家层面的教育政策法规,有 1985 年颁布的《中共中央关于教育体制改革的决定》(以下简称《决定》)、1993 年颁布的《中国教育改革与发展纲要》(以下简称《纲要》)、1999 年颁布的《关于深化教育改革全面推进素质教育的规定》(以下简称《规定》)以及 2010 年颁布的《国家中长期教育改革和发展规划纲要(2010—2020 年)》(以下简称 2010 年《纲要》)。而 1999 年的《规定》关注的重点基本集中于素质教育,几乎不涉及高等教育国际化相关政策,故以第三次全国教育工作会议前后另外两部具有代表性和延续性的政策文本取代,分别为 1998 年颁布的《面向 21 世纪教育振兴计划》(以下简称《计划》)以及 2004 年颁布的《2003—2007 年教育振兴行动计划》。

在 1985 年的《决定》中,教育国际化合作与交流思想已初见端倪。基于我国当时教育发展的实际情况,文件提出:"要注重借鉴国外教育事业正反两方面的经验……加强对外交流,使我国教育事业建立在当代世界文明成果的基础之上。"就目的而言,20 世纪 80 年代中期的教育开放政策主要是借鉴国外教育经验,以促进对国际社会的理解,并为我国教育事业设置一种可资参考的框架或标准,其方式是以"引入"为主,以"派出"为辅,以派出的方式来引入。在与印度文化交流方面出台了一些重要政策:1988 年中印两国政府在北京签订的《中华人民共和国和印度共和国政府文化合作协定》和《中华人民共和国和印度共和国政府文化合作协定 1988 年、1989 年、1990 年执行计划》,1991 年共同协商拟定的《中华人民共和国和印度共和国政府文化合作协定 1991—1993 年执行计划》,1995 年共同协商拟定的《中华人民共和国政府和印度共和国政府文化协定 1995—1997 年执行计划》。2012 年 8 月中国国家汉办与印度中等教育中央委员会在北京签署《国家汉办与印度中等教育委员会谅解备忘录》,进一步明确了双方的合作领域和机制,对加强两国教育文化交流具有重要和深远的意义。印度中等教育委员会决定自 2014 年 4 月起将汉语列入外语课程。

1993 年《纲要》总结了前一个阶段教育开放所取得的进展,同时也指出"必须坚持教育的改革开放,大胆吸收和借鉴人类社会的一切文明成果……世界范围的经济竞争、综合国力竞争,实质上是科学技术的竞争和民族素质的竞争。从这个意义上说,谁掌握了面向 21 世纪的教育,谁就能在 21 世纪的国际竞争中处于战略主动地位"。就其目的而言,是为了提高教育质量和全球竞争力;就其方式而言,引入与派出结合更为密切,要"大胆吸收和借鉴世界各国发展和管理教育的成功经验","继续扩大派遣留学生","改革来华留学生的招生和管理办法,加强我国高等学校同外国高等学校的交流与合作,开展与国外学校或专家联合培养人才、联合进行科学研究。大力加强对外汉语教学工作"。

1998 年 12 月教育部出台《面向 21 世纪教育振兴行动计划》,并在 20 天后迅速得到国务院批准。1998 年《计划》提出实施"跨世纪素质教育工程""高层次创造性人才工程"等系统工程,进一步明确高等学校在提升国家国际地位方面的重要作用,为教育国际交流合作发展的稳步推进提供了政策指导。到 2004 年,面对知识经济迅猛发展的社会现实和应接不暇的国际挑战,在总结前一阶段发展成果、经验与不足的基础上,作为对 1998 年《计划》的延续和提升,2004 年 3 月国务院批转教育部《2003—2007 年教育振兴行动计划》。这两部政策旨在通过高等教育国际化发展,使高等学校成为"知识创新和高层次创造性人才培养的基地"。手段方式更加丰富,重在"交流""取经""引进""对外"。具体规定包括"加强国际学术交流","继续派遣短期访问学者外,选拔高级访问学者,有针对性地到国外一流大学进行研修交流","高等学校要跟踪国际学术发展前沿,成为知识创新和高层次创造性人才培养的基地"，"从国内外吸引一批能够领导本学科进入国际先进水平的优秀的学术带头人"等。就内容而言，包括知识文化交流、国际性人才的培养与引进、学历学位互认、教育涉外法律法规与监管体制的完善、汉语对外推广等。2010年《纲要》提出：第一，"引进人才和资源"和"组织合作"等基础工作依然占据主流地位。第二，向外"拓展"和"发扬"中华文化趋势明显。要"推动我国高水平教育机构海外办学，加强教育国际交流，广泛开展国际合作和教育服务，支持国际汉语教育，扩大来华留学生规模，提高孔子学院办学质量和水平"等。第三，"服务世界教育发展"意识萌芽。要"加大教育国际援助力度，为发展中国家培养培训专门人才，拓宽渠道和领域，建立高等学校毕业生海外志愿者服务机制"。2015年以后，《2015—2017留学工作行动计划》《推进共建"一带一路"教育行动》等重要文件陆续发布，提出加强国别区域研究和非通用语种建设，扩大赴"一带一路"沿线国家公派留学的派出规模，实施"丝绸之路"留学推进计划，设立"丝绸之路"中国政府奖学金等一系列措施，鼓励双向留学生教育培养。

（二）印度关于教育交流与合作的政策

1947年独立后，印度开始积极恢复、发展本国教育，并且在教育对外合作交流的推进过程中稳步崛起。总体来说，教育交流与合作的参与主体主要有三种：一为国家主体；二为区域性的国际组织，如欧盟、东盟等；三为全球性的国际组织，包括联合国教科文组织、世界银行、世界贸易组织等。独立初期，在经济落后的情况下，印度也积极与外界交流，与这三个层次的对象始终保持良好的合作关系。在积极学习其他国家经验方面，1950年，印度仿效美国麻省理工学院，在国内建立了印度理工学院。在国际合作方面，印度先后接受国际组织及发达国家的技术援助，以发展本国高等教育。如1957年，印度与联合国教科文组织合作，在孟买建立了印度理工学院孟买分校。1958年，印度与德国签订了协议，于次年建成印度理工学院马德拉斯分校。此后，德国不断向印度提供实验设备及选派教师、技术人员。在这一时期，印度整体处于恢复发展阶段，其教育对外交流程度较低，在教育交流和合作中更多的是充当被援助的角色，其相关政策也显得比较被动。

2003年6月，印度总理瓦杰帕伊访华，中印签署了《中印关系原则和全面合作的宣言》以及系列文件，就增加教育交流、简化签证手续等内容签署了合作备忘录，把已有协议中关于留学生教育的条款从文化交流中独立出来，并由印度驻华使馆文化处负责新的教育交流计划。20世纪90年代以来，印度在教育国际化合作交流政策上渐渐转向主动，紧跟世界教育潮流，开展了广泛的国际教育交流与合作。这一时期印度的教育政策主要表现在以下几方面。第一，鼓励印度高校与世界排名200以内的国外大学在印度本土合作建立分校，印度学生可以获得该国外名校的学位，该学位在印度也被承认。第二，鼓励印度高校到国外建立分校。第三，为了增加印度学生出国的便利性和吸引国际学生，印度鼓励高校提高课程国际化水平。此外，因为许多国际学生来到印度学习印度文化和相关特色专业，所以印度积极发展这些专业来满足国际学生的需求。第四，鼓励印度高校为国际学生提供语言课程，来帮助留学生克服语言方面的困难。第五，为了鼓励更多国外教师加入印度高校，积极帮助国外教师解决护照、停留期限和税收规则等实际问题。第六，在政府资助的教育财政经费中，有分配给高校国际化的专项经费。第七，印度和那些具有严格准入、认证和质量保障项目和体系的国家进行协商，为本国学生留学提供方便。第八，重视远程国际教育，扩大印度教育的国际影响力。

四、中印两国关系

印度和中国在亚洲国际关系中占有举足轻重的地位，也是对世界政治有重要影响的国家。中印共同发展，实现国家的全面发展，扩大了两国在亚洲地区的合作领域。中印关系的发展有利于促进亚洲乃至世界的和平与发展，有助于南亚地区的和平与稳定，有利于南亚的发展中国家走出困境，有利于亚洲地区的稳定与繁荣。进入21世纪，作为世界上两个最大的发展中国家和正在崛起的新兴经济体，中国和印度在亚洲和全球的战略地位不断上升，两个毗邻而居的亚洲大国相互间的战略权重也越来越大。特别是中国在当前及今后一个较长时期，都将面临大国势力、地区霸权、海权政治等诸多问题的挑战，而这些问题都与印度的崛起和发展有重大关联。

1949年中华人民共和国成立，1950年中印正式建交，印度成为首个与中国建交的非社会主义国家。1953 年,周恩来总理在会见印度代表团时首次提出"和平共处五项原则",首个中印双边关系协定的序言就将"和平共处五项原则"写入其中。1954 年周恩来访问印度、缅甸期间,分别与印度总理尼赫鲁和缅甸总理吴努发表《联合声明》,共同倡导"和平共处五项原则"。尽管中印以"和平共处五项原则"作为处理外交关系的基本原则,但是中印自建交至今,双边外交关系中合作与冲突起伏不断。[1]

表 1　1950—2019 年中印关系起伏表

1950 年	中印建立正式外交关系
1954 年	周恩来访印,与尼赫鲁进行了 6 次正式会谈。两国总理重申了指导两国关系的"和平共处五项原则"
1956 年	周恩来访印,解决西藏问题
1959 年	印度对西藏问题持错误立场和政策
1960 年	周恩来访印,指出中国政府不希望在中印两国间有任何的不愉快
1962 年	中印爆发边界战争,两国关系降到谷底
1976 年	中印恢复互派大使
1977 年	中印恢复直接贸易和人员互访
1988 年	拉吉夫·甘地访华,实行"破冰之旅"
1991 年	李鹏访印,中国总理时隔 31 年后对印度首次访问
1996 年	江泽民访印,中国元首第一次访问印度,双方决定发展两国"面向 21 世纪的建设性合作伙伴关系"
1998 年	印度进行核试验,中印关系紧张
2003 年	瓦杰帕伊访华,发表印中全面合作宣言,致力于发展两国长期建设性合作伙伴关系
2005 年	温家宝访印,双方同意建立"中印面向和平与繁荣的战略合作伙伴关系",达成解决边界问题政治指导原则
2013 年	李克强访印,双方重申进一步巩固"中印面向和平与繁荣的战略合作伙伴关系"
2014 年	习近平访印,双方一致同意充实两国战略合作伙伴关系内涵,建立更紧密的发展伙伴关系

---

[1]　杨思灵,高会平.中印冲突与合作的条件——基于情势变更理论的分析[J].印度洋经济体研究,2018(6):11.

续表

2016 年	印度加入国际核供应集团,对巴基斯坦政策强硬,迁怒于中国,中印关系恶化
2017 年	发生中印边界地区洞朗对峙
2018 年	习近平与莫迪在武汉进行非正式会晤,提出两国增进互信,管控分歧,推动国际及区域合作
2019 年	习近平访印,提出中国和印度互为发展机遇,对接发展战略,加强两国更加紧密的发展伙伴关系

中印两国恢复外交关系以后,由于印度方面一直坚持把边界问题与其他领域的磋商捆绑为一体,使中印两国一直难以开展实质性的合作。直到1988年印度总理拉吉夫·甘地访华,两国的合作才取得了重大进展。这次里程碑式的访问,促成了两国文化交流的开展,就互相派遣留学生到对方国家学习语言、文化和艺术达成一致。1991年底苏联宣布解体,世界政治格局发生重大变化。在这样一个充满动荡的时期,大国间寻求合作以保持地区的稳定成为历史的选择。1991—1993年,中印两国高层领导多次互访,政治上的良好互动促进了文化教育的交流。1996年,江泽民访印,双方达成了构建中印"面向21世纪的建设性合作伙伴关系"的共识,指明了两国发展的方向。双方还签署了《关于在中印边境实际控制线地区军事领域建立信任措施的协定》。然而仅仅过了不到2年,印度便公开宣称中国是对手,并把中国在军事领域取得的进步作为其发展核武器的借口,与巴基斯坦展开了核军备竞赛,严重威胁地区安全。

1999年以后,印度的对华外交政策回到积极接触和谈判的轨道上。特别是2003年印度总理瓦杰帕伊访华期间,双方签署了一系列重要协议,推动两国关系正常发展。此后,两国经济贸易往来不断增加,政府间互派留学生稳定开展,自费留学生规模增长迅速。2017年,印度又在中印边界制造事端,洞朗地区军事对峙事件险些升级为大规模武装冲突。受到严峻的安全形势影响,大部分中国留学生紧急撤离印度。这对两国间的留学生教育,尤其是赴印度留学的中国学生产生了严重影响。印度虽然正式承认西藏是中国领土,但是依然为所谓的"西藏流亡政府"提供庇护,支持其分裂中国的活动。每当中印之间的关系出现任何波折,1962年的中印边界战争就又被印度媒体拿来大肆炒作,而印度占有藏南地区领土的事实也是中国人心头挥之不去的阴霾。根据联合国教科文组织的统计数据显示,自 2014 年莫迪政府上台以来,我国赴印度留学生的人数不断下降。2016 年,中国在印度的留学生有 191 人,其中攻读博士课程的 5 人,硕士研究生 86 人,本科生 75 人,专科生 25 人。鉴于历史上印度对华政策的反复无常,中印之间的留学生教育,特别是我国赴印度留学生教育的发展,很大程度上受到政治因素的制约。由于自费留学生规模有所减少,冲抵了公派留学生人数增加的部分,因此呈现出近年来赴印留学人数持续下降的局面。与之相反的则是印度来华留学生规模的稳定增加。2013 年以后,随着"一带一路"倡议的推进,印度来华留学生的数量持续增长,在生源国别中名列前茅。中印两国截然不同的外交和教育政策,对留学生教育发展产生了极为重要的影响,形成了强烈的反差。

自中印边境冲突以来,印度频繁打压中企。2020 年印方不仅推迟各港口中国商品清关、封禁 59 款中国应用程序,还于 7 月 1 日宣布不再允许任何中国公司或与中国公司合资的企业参与道路建设项目。在印度拿所谓"主权"和"安全"理由说事,宣布对中国 APP 的禁令引起巨大关注后,一些印度媒体也开始关注到此举将造成的不利影响,其中《印度快报》就提出,这可能会让"在这些平台上搞创作与工作的印度人失去收入来源和工作"。在下手打压中国 App 后,印度又瞄向了孔子学院。据《印度斯坦时报》报道,印度多家安全机构向政府警告称,中国在印度高等教育领域的影响力日益增强。因此,印度教育部已决定审查中国孔子学院与印国内 7 所高校合作设立的孔子学院和孔子课堂,以及印度高等教育机构与中国高校及机构签署的 54 份校际合作谅解备忘录。报道提到,印度教育部还计划审查印度高等教育机构和中国高校及机构签署的 54 份合作协议内容,其中包括印度理工学院 (IITs)、国家理工学院 (NITS) 等高校与中国顶级高校及机构在文化交流以及语言课程方面的合作协议。根据《印度斯坦时报》披露,相关政府文件显示,54 份协议涉及的中国高校包含清华大学、北京外国语大学、中央财经大学、同济大学、北京交通大学等数十所高校。

中印建交 70 多年来,两国关系在曲折中前行。近年来,中印两国超越了冷战思维、印度核试危机、中印边界争端等不利于两国关系发展的多重因素,在经济合作领域取得了长足发展,两国战略互信不断加深,战略合作伙伴关系进一步深化,构建新型大国关系已经成为中印两国的共识。中印关系是中国新型大国关系的重要方面。进入 21 世纪,中印关系虽然逐步发展,呈现缓和趋势,但仍面临着诸多挑战和不确定因素,中印关系的走向不仅关系到中国和印度的利益,而且关系到地区稳定。政治上缺乏信任,经济合作上缺乏动力,安全上缺乏接触,这些现状呈现出了各层面关系发展不平衡的状态,同时各层面关系相互交织,更加复杂。中印关系的影响因素中包含了不利因素和有利因素,不利因素是主要方面,主要是中印边界和领土问题等传统因素的困扰,同时也有美国、日本等域外大国想借印度来制衡中国的影响,使中印关系发展更趋复杂化。随着中印两国关系的不断深入,中印教育交流与合作有助于减少双方的误解、缓解双边紧张气氛,有利于构建健康、稳定的中印伙伴关系。尽管中印两国之间为建立互信做出了诸多努力并取得了一定的成就,但是中印建立信任措施仍存在着实施不力和涉及领域有限的问题,中印互信深受众多矛盾与冲突特别是两国间敏感问题的困扰。

多边合作是发展双边合作的有力补充。中国和印度在全球和地区发展合作问题上有共同的利益和目标,尤其是在发展中国家利益的提升、经济发展、贸易制度、气候变化等领域。目前,中印共同参与的多边机制包括金砖国家、联合国、世贸组织、二十国集团等。印度已经成为上合组织的成员国,而中国也是南亚地区组织"南亚区域合作联盟"的观察员国。中印在多边机制中的互动和参与,体现了中印对当前全球发展治理的共同利益诉求。2018 年 7 月,金砖国家峰会在南非约翰内斯堡举行,中印一致表示作为新兴国家的代表和国际秩序的维护者、贡献者,将积极探讨地区多边合作的新方式,支持多边主义,推动建立公正合理的国际秩序。

未来中印关系面临的挑战,一方面来自传统的边界和领土问题,另一方面来自新的挑战,主要是中印关系受到三边甚至多边关系的影响,同时,中印在印度洋的安全分歧是新时期的重要挑战。

中印关系的现状和影响因素,决定了中印关系的发展有待两国的共同努力,在充分利用有利条件的情况下,合作共赢是中印关系未来的发展趋向,合作不仅符合中印彼此的利益,也符合地区利益。中印需要充分利用现有机制和创造新机制来加强务实合作,进而推动中印关系的进一步发展。

中华民族主张的"天下大同"和印度人民追求的"世界一家"是相通的,积极开展中印文化教育交流,中印就一定不会成为敌人,而是互利合作的伙伴、携手前行的朋友,中印双方开展教育交流合作有利于两国友好关系的巩固和发展。

五、经济因素

印度是最早与中国建交的国家之一,而且是第一个与中国建交的非社会主义国家,两国 1950 年 4 月 1 日正式建立外交关系。1954 年 6 月,周恩来对印度进行第一次正式访问。同年两国签订了第一份为期三年的贸易协定,并两度延长。两国还就中国西藏地方与印度之间的通商和交通达成了一致。1950—1962 年,中印两国贸易额约为 2.6038 亿美元。1959 年中国中央政府平定西藏上层反动集团叛乱后,由于印度官方协助和配合逃印的达赖及其追随者的活动,干涉中国内政,导致中印关系恶化,直至 1962 年 10 月发生中印边界冲突,两国经贸合作也随之中断。1976 年,两国关系开始缓和,1977 年启动双边贸易。1984 年两国签署政府间的贸易协定,双方相互给予最惠国待遇。

一般国家的经济增长都是先发展农业,这是立国之本,然后推动工业发展,在以前两个产业为支撑的基础上再发展服务业,中国也遵循了这样一个惯例。跟大多数东亚国家一样,中国首先发展出口导向的劳动密集型加工工业,工业在 GDP 中占有很高的比重。但印度的经济发展路径与此不同。1991 年的经济改革,印度规划的路线是跳过工业化阶段而直接进入后工业化阶段,大力发展第三产业。服务业在印度经济中占主要地位,其在 GDP 中的比重上升十分迅速,1990 年占 41% 的比重,在 2005 年已超过总比例的 50% 以上。印度以服务业特别是软件业为发展重点,信息技术在印度发展最快。现在印度已经成为世界公认的软件超级大国,取得了很大的成就。[①]

中国的发展偏重投资、储蓄、出口和吸引外资,印度的发展重视国内消费。简单来说,印度就是一个通过消费即内需驱动来促进经济增长的国家。外国的直接投资对中国经济的推动作用非常大,而印度由于制度和文化因素,一直对外国直接投资比较敌视,其外国直接投资的份额居于全球最低水

---

①　梁潜. 由发展模式异同到中印经济的合作 [J]. 消费导刊,2009（11）:55.

平。快速发展的服务业使中产阶级规模急剧扩大,他们的消费自然地驱动了经济增长。但在印度经济高速发展的背后,国民的贫穷成了印度社会和经济发展的第一难题,国民经济的增长对国民生活的改善不能很好地体现出来,这也是印度经济可持续发展的最大隐忧。虽然印度很重视教育,特别是高等教育,但在印度劳动力队伍中还有相当大比例的文盲,而文盲的工作机会很少。印度的基础设施很落后,如缺乏高速公路,近年虽有所改善,但总体来说还是不能满足经济发展的需要,这也是一个很大的阻碍。基础设施状况限制了经济的发展,这是印度需要大力加强的一个重要方面。

2014 年莫迪总理以"印度制造"为口号,承诺将让脆弱的印度工业焕然一新。他提出的颇具野心的目标是:"到 2022 年,将工业在国内生产总值(GDP)中所占份额提高到 25%(截至 2019 年是 16%),新增 1 亿个就业岗位。"①

从长期来看,中国 1990—2017 年的工业平均增长率为 12.37%,而印度 1994—2017 年的这一数据是 6.61%,根本没办法竞争。

中国和印度做比较,总会提到这句话:"中国是世界工厂,印度是世界的办公室。"相对于以制造业出口为重点的中国,印度擅长的是信息技术(IT)和软件开发。

中国和印度的经济发展状况具有明显的差异性和互补性,这为两国教育的交流与合作提供了条件。一方面,中印经济在第二产业和第三产业的结构方面有很大不同,其中第二产业方面中国和印度之比是 50.9 ∶ 26.9,第三产业方面中印之比是 33.2 ∶ 48.2,说明中国在制造业和硬件方面的发展具有明显优势,印度几乎只是中国的一半;而印度的软件产业及与之配套的服务业比中国有明显的优势。这种经济结构的差异性不仅催生了双方经贸合作的纵深发展,也促进了中印教育的优势互补。中国可以借鉴印度高校培养和培训软件人才的经验,为中国的软件服务业提供合格的专业技术人才;印度则可学习中国的制造业人才培养模式,培养具有制造业实践操作能力的技术人才。另一方面,中印两国高速发展的经济增加了社会对高级专门人才的需求,两国具有世界最大规模的高等教育系统,在办学水平和教育

---

① 日媒:印度经济无法超越中国 差距越拉越大.搜狐网 [2017-08-17]. https://www.sohu.com/a/165229649_114984.

质量上虽然与欧美发达国家的高等教育水平有差距,但与发展中国家相比还是具有一定优势的,两国通过教育合作能发挥双方的叠加优势进行强强联合。进入 21 世纪以来,中印两国政府都在大力发展教育,对教育的投入不断加大,在办学理念、办学模式、课程内容开发等方面加大了改革力度,两国教育的国际吸引力不断增强。印度教育在软件产业、信息技术、工程技术等领域已在世界享有很高的声誉,在医药、航空航天、育种、乳业等方面也具有突出优势;中国教育通过实施世界一流大学建设计划、高等教育强国计划和国家中长期教育改革和发展规划纲要等一系列战略,开展现代大学制度建设,逐渐缩小与世界一流大学的差距。印度教育在国际化、职业化、市场化等方面具有优势,印度理工大学严格的精英化人才培养理念,以及 NIIT标准化、信息化、项目化的先进职业教育培训模式,可为我国大众化的高职教育精练内涵、强化质量、更新模式提供可资借鉴的宝贵经验。中国教育自上而下的改革经验和行政管理效率,使高校办学主体多元化、办学体制多层次的改革逐渐深化,实现了教育不断满足不同行业、不同人群的多样化、多层次需求,满足社会进步和个人发展的需要。

第三章

中印教育交流之政策交流与政府交往

近年来,中印教育交流日渐频繁,交流层次逐渐上移,越来越多教育交流合作发生在两国、省邦之间。据调查,印度主要有35所院校参与了中印教育交流合作,包括西孟加拉邦教师培训及教育规划和管理大学(The West Bengal University of Teachers' Training, Educational Planning and Administration)、韦洛尔理工大学、国家信息技术学院(NIIT)、印度理工大学(IIT)、印度理工大学(IIT)Kharagpur 分校、维纳雅卡大学、班加罗尔大学、印度国际大学、浦那大学(Pune University)、德里洲际大学、技术学院(GIIHT)、古鲁大学(Guru University)、德里大学(Delhi University)、管理与信息技术学院(Institute of Information Technology&Management,简称 IITM 学院)、新德里巴尔厘管理学院、苏里尼大学、尼赫鲁大学、教育与科学研究院、理工学院孟买分校、拉夫里科技大学、社会科学研究理事会、希夫纳达尔大学、南亚大学、印度智库 USI、社会科学院西部分院、孟买大学、塔塔社科研究院、夏尔达大学、矿业大学(ISMU)、安那大学、亚米提大学、锡金大学、中国研究所、加尔各答大学、威尔科技大学。有 12 个企业参与中印教育交流合作,萨拉斯瓦特在线有限公司(SaraswatiOnline)、IIHT 有限公司、信息产业软件技术培训机构(简称 IIHT)、新德里信息软件技术有限公司、印度国家信息技术学院集团(印度 NIIT 集团)、安艾艾迪信息技术(上海)有限公司、第三大软件公司 Wipro 公司、印度第四大软件企业萨蒂扬公司、印度 MKTechnology 公司、印度枫林公司、印度 TATA 集团、印度贝拉公司。交流合作的主要方向是:医学、计算机软件工程、生物、机器人、互联网信息技术、新型计算机应用技术、铁路建设等。

一、中央、部及邦省之间的教育交流

1991 年 6 月,"基本教育与国家发展:中国和印度历史经验"国际研讨会在上海举行。①中印两国代表在会上介绍了各自发展基本教育的历史经验。进入 21 世纪,中印两国之间的教育交流由简单的留学生互换与互访,发展到双方政府部门积极搭建双边及多边交流合作平台,共建交流合作载体。2003 年 6 月 23 日,教育部部长周济出席中国与印度两国政府有关文件签字仪式,签署了中国教育部和印度人力资源开发部教育交流与合作的执行计划。2003 年 7 月 7—11 日,中国教育部副部长章新胜应邀赴新德里出席了联合国教科文组织"文明间对话"国际会议并讲话。其间,会见了印度教育部部长,双方就加强两国教育合作与交流问题交换了意见并达成共识。

2006 年 11 月 21 日,中国国家主席胡锦涛和印度总统阿卜杜尔·卡拉姆在印度新德里签署两国联合宣言——中印联合宣言,其中,第 13 条是双方同意将进一步加强两国关系全面发展中的积极趋势,充分挖掘贸易、工业、财金、农业、水资源、能源、环境、交通、基础设施、信息技术、卫生、教育、媒体、文化、旅游、青年事务和其他领域的合作潜力。第 29 条是双方同意加强在宗教和文明遗产领域的合作,并就在中国佛经数字化和通过地区合作建立一所国际大学,将那烂陀大学重建为学术中心等方面的合作事宜进行探讨。为更好地加深对两国文化的了解,双方决定在中国举办"印度节",在印度举办"中国节",并使用共同徽标。具体事宜由有关部门协商决定。第 30 条是为进一步促进中印学术交流,双方同意推动建立"中印交流基金",基金的具体模式将通过双方磋商制定。第 31 条是访问期间签署的新的教育交流计划,将进一步加强中印教育领域的合作。访问期间,双方签订了《中华人民共和国教育部与印度共和国人力资源开发部教育合作与交流计划》。

2010 年 9 月,中国教育部部长袁贵仁会见来访的印度人力资源与开发部部长卡皮尔·希巴尔一行。双方就加强两国教育交流与合作交换了意见,并就印度汉语教学、双边大学生交流和可持续教育合作进行了深入探讨。

那烂陀大学古称那烂陀寺,是唐朝高僧玄奘取经的故地。那烂陀大学重建是东亚峰会教育领域合作的重点项目。2007 年 1 月,印度总理辛格在第二届东亚峰会上提出了重建那烂陀大学的倡议,得到各方积极回应。2010 年 10 月,中国国家总理温家宝在第五届东亚峰会上宣布,中方支持那

---

① 教育史上的今天. 中华人民共和国教育部门户网站 [2011-06-13]. http://www.moe.gov.cn/jyb_sjzl/moe_1695/tnull_35830.html.

烂陀大学重建工作,欢迎那烂陀大学董事会来华举行会议。2011 年 10 月 14 日,印度那烂陀大学董事会在北京大学举行例行会议。在京期间,中国外交部副部长张志军会见了董事会一行。此前,董事会成员还赴西安访问,参观了大慈恩寺等古迹。2014 年 9 月,那烂陀大学正式开学。中方为该大学重建提供了 100 万美元的援助。

2012 年 12 月,中国教育部副部长郝平会见了应邀来华出席第七届世界孔子学院大会的印度孟买大学校长拉简·维路卡。郝平对孟买大学与天津理工大学合作建立孔子学院表示祝贺,并就中印大学校长论坛、学生流动等与维路卡交换了意见。

2012 年 11 月 13—19 日,中国青年代表团访问印度,之后赴德里、阿格拉、瓦伦纳西、阿拉哈巴德等地访问,拜会了政府机构、青年组织、大学,考察了解了印度社会文化发展,交流了青年工作经验,并与印度各界青年进行了互动和联欢。

2013 年 11 月,印度驻华使馆文化及教育一等秘书 Vinayak Chavan 访问中国西安外国语大学东语学院,与印地语专业师生进行了亲切座谈,表示愿意为该校印地语专业的建设与发展提供多方面的帮助。他还介绍了目前印度中文教师紧缺的现状,鼓励在座同学努力学习,致力于中印两国多方面多层次的交流,整个座谈气氛轻松愉悦。

2014 年 3 月 10 日,中国教育部副部长郝平会见了新任印度驻华大使康特一行。郝平首先感谢康特大使对中印教育交流合作的重视,表示愿意在建立中印教育联合工作组机制、扩大学生双向交流规模、开展职业教育合作、商签学历学位互认协议及新一轮教育交流协议、加强语言教学和师资培训等方面,进一步推进了中印两国在教育领域的合作。康特表示印度驻华使馆重视对华教育合作,感谢中方对推动印中教育交流所作的努力,并希望双方继续通力合作,打造出更多具有特色和影响力的项目。3 月 24 日,中国教育部副部长杜占元会见了印度人力资源发展部辅秘阿米塔·夏尔马女士率领的印度高等教育代表团一行。杜占元代表中国教育部欢迎印度高等教育代表团一行来访,他高度评价了中印战略伙伴关系对双方开展教育合作的重要意义,并向印方介绍了近年来中印在教育领域合作取得的成果,同时表示中国教育部高度重视并愿与印度拓展务实合作的领域和深度,实现优势互补、互利共赢。

2014 年 9 月 17 日,中国国家主席习近平抵达古吉拉特邦艾哈迈达巴德市,开始对印度进行了为期三天的国事访问。中国国家主席习近平访问印度期间,两国签署了互相翻译出版对方 25 部经典作品的协议。这既是中印两国近年来不断推进经典互译、加强人文交流的最新举措,也将给中印两国在 21 世纪续写悠久的文明交往史带来新的活力。从名单上看,将要被翻译到印度的 25 部书中,除《四书》《大唐西域记校注》和《中印文化交流史》外,其余 22 部均为文学作品,其中包含了中国古代、现代和当代的中国文学,而侧重点又在中国当代文学入选的作品有 10 部,诗歌方面只有舒婷的作品入选,其余均为长篇小说,包括莫言的《生死疲劳》、王蒙的《活动变人形》、贾平凹的《秦腔》、陈忠实的《白鹿原》、余华的《活着》、阿来的《尘埃落定》等。①

2014 年 11 月,中国驻加尔各答总领事王雪峰应邀参观印度教育在线公司所属的乔蒂莫伊综合学院,会同往访的大理学院代表团与该院老师和学生们进行亲切交流,并向教育系、法学系和商学系师生发表演讲,表示印度处在发展经济、改善民生、实现民族复兴的关键时期,发展教育事业、培养各类高素质人才显得尤为重要。中印两国都是人口大国,在发展教育的长期实践中积累了各具特色的好经验、好做法,双方开展合作,可以相互学习、相互借鉴、共同提高。近 10 年来,大理学院与印度教育在线公司的合作结出丰硕果实,已有千余名印度学生从大理学院学成归国,用在中国学到的医学知识为本国人民服务。希望双方不断丰富合作内涵,提高合作质量,为中印教育合作可持续发展探索经验、打牢基础。中国驻加尔各答总领馆将继续为此提供支持和帮助。

2015 年 5 月 15 日,在中国国家总理李克强和印度总理莫迪的见证下,云南民族大学与印度文化关系委员会签署了联合共建瑜伽学院的合作备忘录,这是印度在全球创办的首所瑜伽学院。当年 6 月 13 日,印度外交国务部部长辛格、中国云南省副省长丁绍祥为中印瑜伽学院揭牌。

2014 年 10 月,印度铁道部代表团访问了中国西南交通大学,参观考察了该校轨道交通实验室、牵引动力国家重点实验室、高速铁路线路工程教育部实验室、力学实验中心、交通运输及物流实验中心、风洞实验室等。双方初步达成了合作意向。2015 年 5 月,印度铁路委员会代表团再次访问西南

---

① 国家层面交往推动中外文学交流 [N]. 人民日报海外版,2017-01-11.

交通大学,了解学校在轨道交通领域专业设置与人才培养等方面的情况。印方详细地介绍了印度客运列车和货运列车的相关规划和运力、印度火车与轨道的结构与材料构成,分享了印度铁路人员的雇佣制度、人事制度和培训制度,以及目前印度火车面临着提速的问题,因此,印度需要建立一所铁道大学来解决科研和培训的问题。2016 年 10 月 7 日,中国国家发展和改革委员会与印度国家转型委员会共同主办,以"发展、创新、合作、共赢"为主题的第四次中印战略经济对话会在印度新德里举行。会议期间,中方与印方签署了《中华人民共和国国家发展和改革委员会与印度共和国国家转型委员会关于开展产能合作的原则声明》等一系列文件和协议。中国西南交通大学校长徐飞和印度铁道部铁道委员会委员 Anand Mathur 分别代表西南交通大学和印度铁道部,签署了《中印高速铁路高层管理人员培训项目服务合同》。按照合同,西南交大将针对印度铁路运营及管理方面的人才培训需求,在高速铁路运输管理、牵引供电技术、动车组技术以及既有线提速等各方面举办学术讲座和体验式考察培训。2017 年 4 月,由西南交通大学主办的"2017 印度高速铁路高层管理人员培训"项目正式开班,来自印度铁道部的 38 名铁路官员出席了开班典礼。2014 年,两国政府签署了中印铁路合作备忘录,印度高速铁路高层管理人员培训班备忘录中确定的重要合作项目,中印双方均十分重视。中方官员表示,中国高铁近年来的发展成就有目共睹,形成了从技术标准、勘察设计、工程施工、装备制造、物资供应,到运营管理、人才培训、沿线综合开发等全产业链。中印在铁路领域的携手合作,正是推动"一带一路"倡议实施的具体举措,对促进两国互利共赢、共同发展具有重要的意义和作用。希望学员通过本次培训课程的学习,加深对中国铁路的了解,加强在铁路技术方面的经验交流,成为中印铁路合作交流的使者。来自印度铁道部的阿伊瓦代表全体学员发言,他首先表达了对中国铁路飞速发展的钦佩之情和对本次培训班寄予的殷切期望,希望通过西南交通大学有丰富经验的铁路专家和研究人员的讲解,以及在中国铁路规划、建设及运营单位的参观考察,能够深入了解铁路各基本领域的前沿技术,并将在中国学到的知识运用到印度的铁路发展之中。同时,阿伊瓦认为,中印两国在铁路方面的合作必将使双方睦邻友好关系更近一步,也将助力世界经济大发展。

2016 年 8 月,中国驻孟买总领事郑曦原会见孟买大学常务副校长桑吉·丹什穆克,郑总领事对桑吉校长和孟大为推动两国文化和教育领域交流合作所做的贡献表示赞赏。郑总领事谈到,中印两国具有悠久的文化传统,在历史上是最重视教育的两大文明古国。大学教育是人类传承文明、培养青年、创造美好生活的重要途径,中印两国在教育文化领域加强交流、分享经验、拓展合作,有利于增进互信,实现互利共赢,服务中印关系大局,发展前景广阔。桑吉表示,孟大是圣雄甘地和中国人民的好朋友柯棣华大夫的母校。柯棣华大夫是从孟大一毕业就奔赴中国的,所以,孟大与中国有很深的感情渊源。在印中合作的新时代,孟大加强与中国高校的交流合作具有重要的导向性,意义重大。他和孟大师生将继续致力于推动印中友好事业,推动印中教育文化交流再上新台阶。

2017年3月,印度驻上海总领事古光明先生一行6人访问中国江苏大学。印度卡林加工业科技大学(KIIT)、卡林加社会科学院(KISS)创始人阿池育塔·萨曼塔校长介绍了印度这两所高校的办学历史,学校情况、办学现状及今后的发展战略,并对江苏大学的办学条件、科研成果给予充分肯定和祝贺。双方签署了学生交流合作协议,以促进印度留学生来江苏大学学习交流及该校学生赴印度学习交流工作。古光明总领事一行还于3月17日晚在江苏大学小礼堂参加了"镇江市印度文化周之印度电影周"开幕式。印度电影周是"镇江印度文化周"的重要组成部分。"镇江印度文化周"是印度驻上海总领事馆与镇江市人民政府举办的一次文化盛典,包括印度艺术展、印度美食节、印度电影周、印度商务论坛、印度歌舞晚会等丰富多彩的中印文化交流项目。

2017年7月,第五届金砖国家教育部部长会议在北京钓鱼台国宾馆举行。中国教育部部长陈宝生、印度人力资源发展部部长雅瓦德卡尔、俄罗斯教育科学部副部长阿加洛德娃、巴西驻华大使马尚、南非高等教育与培训部高等教育司副总司长黛安·帕克等率团出席。各国代表表示,金砖国家发展阶段相近,教育领域互补性强,教育合作大有可为。金砖国家应秉承开放包容、合作共赢的金砖精神,挖掘教育合作潜力,充实合作内涵,不断为金砖国家更紧密、更团结、更牢固的伙伴关系注入正能量。陈宝生会见了印度人力资源发展部部长雅瓦德卡尔一行。双方商定,将共同努力,促进双边教育合作,不断深化包括金砖国家教育部部长会议在内的双多边框架下教育交流与合作。

2017年9月,中国与印度东部地区教育交流座谈会在西孟加拉邦首府加尔各答举行,与会嘉宾就两国间的人文交流特别是教育交流进行了探讨。座谈会由中国驻加尔各答总领事馆、云南省人民政府外事办公室、印度商会、加尔各答中文学校共同主办。中共云南省委常委、组织部部长李小三发言时表示,云南自古以来是"南方丝绸之路"和"茶马古道"的重要通道。如今在"一带一路"倡议下,云南获得建设"孟中印缅经济走廊"等重大战略机遇,正成为连接中外、辐射周边尤其是南亚的关键枢纽,拥有与印度东部地区开展合作的广阔空间。李小三说,云南一向重视与印度的教育交流合作,除了在其境内设有由云南民族大学与印度文化关系委员会合办的一所瑜伽学院外,目前还有 1000 多名印度留学生在云南学习。中国驻加尔各答总领事马占武表示,中印两国同为发展中大国,保持双方关系健康稳定发展符合两国人民的根本利益,而且对亚洲和全世界都具有重要意义。他强调,双方的人文交流,特别是教育交流合作对增进彼此互信、推动两国关系健康稳定发展具有重要作用。印度西孟加拉邦政府消费者事务部部长兼自助组织与自主创业部长萨丹·潘德表示,印中友好交往源远流长,而且都是全球举足轻重的大国,应当开展更多的交流合作,尤其是在教育领域的往来。其他嘉宾在发言时也希望中印双方的中央和地方政府制定更多的鼓励措施,支持教师到对方国家教授汉语、印地语,鼓励更多中国学生到印度大学就读等。

2017 年 10 月,中国湖北省教育厅代表团访问印度尼赫鲁大学和金德尔大学,就学术交流和学生互换、推荐优秀学生和教师到湖北高校学习汉语等达成了初步意向。访问期间,代表团参加了三峡大学印度中文学校成立仪式。截至 2017 年底,湖北省共有印度留学生 1312 人,在全省留学生人数国别排名中位列第二。

2018 年 1 月,应昆明医科大学邀请,印度驻广州总领事馆唐施恩总领事和马诺基领事等一行 3 人到该学校访问交流,总领事对该学校在中印友好交流合作中做出的努力表示肯定,对学校为印度培养高素质医学人才做出的努力表示赞赏和感谢,并表示将努力为昆明医科大学与印度相关教育、科研、医疗机构在师生交流、人才培养等方面的合作搭建平台,同时,积极配合学校做好印度留学生的教育管理工作。总领事一行访问了国际教育学院,看望了印度留学生代表,了解了学生的学习生活情况,鼓励学生认真学习专业知识、提高汉语水平,努力成为中印两国友好交流的民间使者。

2018 年 3 月,印度国家信息技术学院集团(以下简称"NIIT")全球总裁萨普尼斯一行 4 人到访中国海南省。2012 年，NIIT 创始人帕瓦应海南省政府邀请来琼访问并探讨 NIIT 在海南大规模培训 IT 人才，进而建设服务外包目的地事宜。在共同的不懈努力下，双方长期保持着有效的合作关系并取得了阶段性成果。在海南省政府的大力支持下，2018 年海南大学与 NIIT 正式达成合作协议，采用校企合作的方式共建软件工程专业，招收了第一届学生。

2018 年 5 月，中国安徽省教育厅组团赴印度参加"2018 年中国高等教育成就及招生展"系列活动。选派了由安徽师范大学、安徽理工大学和安徽科技学院组成的安徽省高校代表团，参加了由中国驻印度加尔各答总领事馆和加尔各答中文学校联合举办的"2018 年中国高等教育成就及招生展"，深入当地高中宣传"留学安徽"计划，开展留学生招生宣传活动。5 月 10 日上午，中国驻加尔各答总领事馆在当地新城会展中心举办了 2018 年中国高等教育成就与招生展开幕式，印度联邦议员萨曼塔、西孟加拉邦教育部副首席秘书舒克拉、西孟加拉邦城市发展和城镇规划部副首席秘书森等政府官员，当地 50 多所大中院校校长和师生、商会会长、研究机构负责人、华人华侨和社会各界人士、来自中国 11 个省市 60 所高校的 1000 余人参加了开幕式。安徽省 3 所参展高校的工作人员与所有中国参展高校代表一起，热情接待纷至沓来、总计超过 5000 人的加尔各答地区高中和大学校长、教师、学生及家长，宣传中国高等教育的发展、最新成就、各自学校的地理交通、办学特色、学科专业和外国学生招收专业设置与师资队伍、奖学金政策及相关费用收取标准，现场教学汉语和书写汉字，介绍中国悠久的文明历史、丰富的文化资源和"新四大发明"（高铁、网购、移动支付、共享单车），这些都引起印度学生浓厚的兴趣和强烈的好奇心，纷纷表达了前往中国留学的意愿。

2018 年 9 月，新任印度驻广州总领事高士 (Sujit Ghosh) 一行访问广东外语外贸大学，双方就拓展未来合作事宜进行了探讨。目前，广东外语外贸大学已与印度 4 所大学和学术文化机构建立合作关系。印度驻广州总领事馆在师资、教材、合作交流等方面的支持，对该校专业建设起到重要作用。通过印度驻广州总领事此次来访，双方能深化已有合作，拓展合作深度和广度。

2018 年 10 月，第七届上海合作组织成员国教育部部长会议在哈萨克斯坦阿斯塔纳举行。中国教育部副部长林蕙青率教育部代表团出席会议并讲话。印度、哈萨克斯坦、吉尔吉斯斯坦、巴基斯坦、俄罗斯、塔吉克斯坦、乌兹别克斯坦等国教育主管部门领导以及上海合作组织副秘书长出席了会议。

各国相互通报了本国教育的发展情况,共同回顾了两年来上海合作组织教育合作进展,审议通过了《2019—2020年上海合作组织大学发展路线图》等一系列重要文件,就下一阶段合作计划达成了共识。

2018年12月,国务委员兼外交部部长王毅同印度外交部部长斯瓦拉杰共同主持中印高级别人文交流机制首次会议。共同回顾了中印人文交流进展情况,就下阶段交流合作交换了意见,达成重要共识。双方一致认为,交流活动可以"八仙过海,各显神通"。双方同意将文化交流与文物保护、教育合作与语言教学、旅游合作与人员往来、青年互访与体育交流、媒体交流与舆论环境、学术交流与合作制片等8个领域确定为下阶段重点合作方向。两国对口部门将为此做好具体规划,开展丰富多彩的交流活动。

2019年3月,驻加尔各答总领事查立友和夫人郑惠群出席由"印度教育在线"(Saraswati Online)在加尔各答举行的中印教育交流活动。中国西南医科大学党委书记廖斌率领的代表团、"印度教育在线"首席顾问甘古里(Partha Sarathi Ganguli)、西孟邦医学教育局局长米特拉(Pradip Kumar Mitra)、副局长蒙达(Tanushree Mondal)、当地医学界专家学者以及曾留学西南医科大学的印籍毕业生共50余人出席。查总领事指出,与欧美国家相比,印度的年轻学子去中国学医有地理距离近、教学质量有保障、性价比高等优势。希望"印度教育在线"继续深化与包括西南医科大学在内的中国高校合作,中国总领馆愿提供协助,与各方共同努力,推动中国地方和领区各邦医学教育合作取得更多成果。

2019年4月,印度旁遮普邦教育代表团到中国海门市考察,海门市副市长王拥军会见代表团一行人时说,海门市教育事业快速发展,先后与世界多个国家开展国际交流与合作,这次印度旁遮普邦教育代表团到海考察交流,洽谈合作项目,必将进一步拓宽海门教育国际交流的渠道,促进两地教育事业的共同发展。旁遮普邦教育理事会主席达博·辛格·迪隆博士说,此次来到海门,是为了增进两地教育同行的相互了解,加强沟通,并达成合作,在学生交流、学校互动等方面得到进一步发展。交流活动中,印度旁遮普邦教育代表团与东洲中学签订了合作项目。

2019年10月,北京十八中迎来了由印度30余名校长、教授和学者组成的中印教育交流访问团。这是北京十八中第一次与印度方面的教育交流,市、区及学校领导对此给予了高度重视。北京市国际教育交流中心副主任张伟、北京教育学院丰台分院副院长刘仁健等有关领导参与了接待活动,北京十八中教育集团校长管杰、北京十八中左安门校区校长李金栋与来宾们进行了深入的沟通交流。座谈会上,刘仁健副院长介绍了丰台区的整体情况,管杰校长对北京十八中教育集团以及方庄地区的教育集群特色做了简要介绍。来宾们对教育集群的办学方式给予了积极评价,并针对中国教育现状提出了问题和看法,北京十八中领导一一做了详细的回答。

二、多层次的论坛交流

　　1924 年,印度诗人泰戈尔应湖北教育界、佛学界的邀请,在著名文学家徐志摩的陪同下,乘火车抵达汉口火车站,下榻于汉口德明旅馆。同行的有印度国际大学教授、梵文学者沈漠汉,国际大学艺术学院院长、现代孟加拉画派大画家南达拉波斯,宗教学教授塞纳,秘书葛玲和纳克博士 6 人。当天下午,湖北教育界、佛学界在武昌公共体育场举行盛大欢迎会,陈维东居士等人以"佛化新青年会"名义主持了武汉各界对泰戈尔的欢迎会。数千名欢迎者秩序井然,席地坐在烈日下。当泰戈尔出现在会场上时,人们起身致敬,用热烈的掌声欢迎泰戈尔访问武汉。泰戈尔为武汉人民的热情所感动,请徐志摩代为致谢;随后,在公共体育场和辅德学校作了"中国此时并不需要物质之进步,更急需的是精神之复兴"的公开演讲。[①]

　　20 世纪 50 年代后中印两国教育交流与合作开始在多方面搭建平台,经过多年发展,取得可喜的成绩。中印双边高等教育交流合作平台主要有"中印教育与科技联盟""中印大学校长论坛"等。"中印教育与科技联盟"主要通过探索国际教育合作模式,建立产、学、研完整体系,开发中印双向国际教育交流项目,促进两国学生国际流动,加强中印两国教育合作交流。"中印大学校长论坛"主要通过经验交流及交换合作协议等方式夯实两国高等教育交流与合作基础,中印两国还积极搭建并参与区域多边教育论坛(如中国—南亚教育分论坛、金砖国家大学校长论坛、新加坡—中国—印度高等教

---

　　① 今天凌晨 印度总理莫迪抵达武汉 . 湖北日报 [2018-04-27]. https://zj.zjol. com.cn/news/926722.html.

育对话论坛、亚洲大学校长论坛等多边合作论坛),不断深化本国与地区在教育领域的交流与合作。

1991年6月,"基本教育与国家发展:中国和印度历史经验"国际研讨会在上海举行。中印两国代表在会上分享了各自发展基本教育的历史经验。2006年5月,"2006中印友好年·北京大学印度节"开幕式在北京大学百年纪念讲堂广场隆重举行。活动由北京大学印度研究中心主办、印度驻华大使馆协办。出席开幕式的主要嘉宾有北京大学党委常务副书记、北京大学印度研究中心管理委员会主任吴志攀教授,印度驻华大使苏理宁先生,北京大学外国语学院院长程朝翔教授,北京大学印度研究中心主任王邦维教授等。2006年9月,联合国教科文组织"孔子教育奖"在孔子故里山东曲阜颁发。这是首次以中国人命名的国际奖项。首届"孔子教育奖"分别授予印度拉贾斯坦邦扫盲及继续教育办公室和摩洛哥教育部,以表彰他们在推进全民教育,特别是农村教育和扫盲领域、妇女儿童教育领域所取得的巨大成就。联合国教科文组织颁发"孔子教育奖",旨在奖励在全民教育,特别是农村教育和妇女女童教育方面取得突出成就的政府机构、非政府组织和具有杰出贡献的个人,每年产生两名获奖者,奖金2万美元。

谭云山是中印教育交流史上一位举足轻重的人物,是一名杰出的中印友好使者。1928年,他接受印度诗圣泰戈尔的邀请到印度国际大学任教,从此致力于传播中国文化,并潜心研究佛学和印度文化。1937年,谭云山创建印度国际大学中国学院,并出任首任院长。数十年致力于中印文化交流和学术研究,为传播中印文化付出毕生精力,他本人也被誉为"现代玄奘"。在2011年7月"中印友好交流年"之际,中印文化艺术界高层论坛在北京召开,两国学者以"谭云山现象与21世纪中印文化交流"为主题,追忆中印文化交流先贤,并展望未来文化交流前景。

2010年10月,由教育部和云南省政府主办、云南省教育厅和云南大学承办的"东亚峰会高等教育合作论坛"在云南昆明召开。该论坛是落实2009年10月温家宝总理在"第四届东亚峰会"提出倡议的具体行动,是首次在东亚峰会框架下搭建多边教育交流合作平台的新尝试。包括中国、文莱、柬埔寨、印度尼西亚、老挝、马来西亚、缅甸、菲律宾、新加坡、泰国、澳大利亚、印度、日本、韩国、新西兰在内的15个东亚峰会成员国的教育官员、大学校长、驻华使节等与会代表共150余人出席了论坛,共同围绕"东亚峰会框架下的高等教育合作与发展"进行了专题发言和深入探讨,共签署了20份校际合作协议。论坛期间,内蒙古大学齐木德道尔吉副校长与印度旁遮普大学和文莱大学签署了合作备忘录。这是该校首次与印度和文莱的大学建立合作与交流关系,对进一步提升内蒙古大学在东亚各国的知名度,加强我国与东亚各国深入广泛的合作与交流具有重要意义。

2011年9月,国务院总理温家宝在人民大会堂出席主题为"古老文明,青春辉映"的中印青年传统文化交流大舞台活动。温家宝在致辞中说,中印青年交流从传统文化入手,很有意义。中华文明和印度文明在数千年的历史长河中交相辉映,彼此促进,深刻影响着人类文明的进程。中国的太极拳、书法、茶艺和印度的瑜伽、音乐、舞蹈是两国传统文化的瑰宝,都蕴含自然、和谐、包容之美。希望两国青年朋友在交流切磋传统文化技艺的同时,能够领悟和传承其精神内涵,成为相互尊重、相互学习、共同进步的好朋友、好伙伴。作为世界上人口最多和经济增长最快的两个发展中国家,中印携手发展和密切合作,不仅能改善两国人民的福祉,也是亚洲和世界人民的福音。两国有理想、有抱负的青年要深刻认识中印关系的战略意义,坚定和平、合作、共赢的信念,从丰厚的历史传统文化中汲取智慧和勇气,不断探索创新,奋发图强,把自己的国家建设得更加美好。同时,中印双方商定,今后将持续开展青年互访活动,巩固两国关系的社会基础。

2012年,亚洲教育论坛在成都盛大举行,印度计划委员会委员纳伦德拉·贾达夫、印度中国经济文化促进会秘书长穆罕默德·萨基卜、印度中国经济文化促进会北京总部副主任笃胜文、印度中国经济文化促进会董事长P.S.迪欧达尔、印度驻广州总领事潘玉宝、中国工程院院士李京文、北京大学汇丰商学院院长助理黄海峰、北京大学国际经济研究所所长王跃生、全国政协委员贾宝兰等参加此次论坛的分论坛"印中管理学家研讨会议"。

中印论坛是中印举办的合作交流活动,自2012年启动。论坛紧扣时代主题和中印发展机遇,持续聚焦两国经贸发展、投资合作、文化交流及旅游推介,搭建政府、行业组织和企业的沟通平台,成为推动中印务实合作的重要机制。

2012年9月,由四川省人民对外友好协会和四川大学南亚研究所等单位主办、四川大学南亚研究所承办的"东方外交与印度"国际学术研讨会隆重召开。来自印度、美国、俄罗斯、日本、新加坡等国和两岸四地的代表约60

人参加会议。此次会议的召开,适逢"中印友好合作年"。继宣布2011年为"中印交流年"之后,两国又宣布2012年为"中印友好合作年",中印关系的关键词从"交流"演变到"友好合作",客观地反映了两国关系的巨大进展,更预示了其辉煌灿烂的美好前景。本次研讨会主要围绕"中国与印度的关系""印度的外交战略""印度的地缘外交及其他"三个大问题,以专家大会发言、提问讨论的开放方式进行学术研讨,会议气氛热烈而友好,反映了各国专家、学者"以文会友"的学术精神。

2012年12月,教育部副部长郝平会见了应邀来华出席第七届世界孔子学院大会的印度孟买大学校长拉简·维路卡。郝平对孟买大学与天津理工大学合作建立孔子学院表示祝贺,并就中印大学校长论坛、学生流动等与维路卡交换意见。

2014年5月,第六届东亚商务论坛暨第28次东亚商务理事会会议在海口市举行,来自中国、韩国、日本、东盟国家、印度、澳大利亚、新西兰等16个国家的政府官员、驻华使节、国际组织、商协会、学者和工商企业代表近400人出席论坛。广西大学中国—东盟研究院首席研究员陆建人教授应论坛主办方中国国际贸易促进会和海南省政府的邀请参会,并在大会上发表题为《创新发展与中国经济增长》的演讲。东亚商务论坛是经国务院批准的东亚工商界年度盛会,旨在促进东亚地区工商界交流与合作,加快推进东亚经济一体化进程。与会政府官员、工商界、学术界人士围绕"聚焦经济发展,扩大互利共赢"和"创新发展模式,深化产业合作"等议题展开讨论。同时,还召开了第28次东亚商务理事会会议,探讨了东亚工商界机制建设、促进贸易便利化与投资、产业合作等议题。

2015年10月中国西部(四川)进口展暨国际投资大会分论坛"2015中印论坛"在成都举行。此次论坛的主题为"中印关系:变化与发展",来自经济、社会、文化、教育、环境等领域的中印专家学者重点探讨了中印关系新变化背景下的经贸合作和文化交流。四川省社会科学院副院长郭晓鸣在《深度扩展川印经贸合作的机遇和选择》的主题演讲中谈到,目前川印两地在经贸合作的重点领域应是金融合作、产业合作和产业园区建设合作。同时,他提出,应当加快制定川印经贸合作战略规划,开展针对川印开放合作的专题研究,举办年度"四川印度智库论坛",以及建立起川印民间常态联系机制。

2015年11月,以"弘扬玄奘精神,推进文明互鉴"为主题的"玄奘与丝绸之路"学术研讨会在西安开幕。中印两国佛学研究领域专家学者、高僧大德共约 150 人参加了本次会议。玄奘是走在丝绸之路上的中国佛教高僧，他以毕生精力创造了人类文明交往史上的奇迹，成为中外文化交流的永恒记忆，给我们留下了宝贵的文化遗产和精神财富。因此要全面挖掘、整理、研究中国特色佛教文化，弘扬和传承"平等、互鉴、对话、包容"的理念与精神，积极推动陕西与丝绸之路沿线国家在经济、科技、文化等领域的交流与合作，助推"一带一路"倡议的全面实施和陕西丝绸之路经济带新起点建设。在"一带一路"伟大倡议背景下，邀请国内外佛学办专家学者、高僧大德齐聚西安，共同探讨玄奘精神与丝绸之路及其意义。通过学术探讨，继承和弘扬玄奘精神，增进中外文明交流互鉴，提升陕西文化影响力。

2016 年 5 月，"中印大学校长圆桌会议"在北京大学举行。印度共和国总统普拉纳布·慕克吉、中国教育部部长袁贵仁出席会议。北京大学、清华大学、上海交通大学、暨南大学、印度理工学院、印度管理学院、印度古吉拉特中央大学等 20 所中印两国高校的校长参加会议，并围绕"科研：建设世界一流大学与学科""教育：促进创新与创业"两大议题展开深入交流与探讨。人文交流与商贸合作是慕克吉此次访华的两大主题。慕克吉希望两国之间通过高校间的互相学习，重振文化与知识交流，改变目前纯粹向西方学习的倾向，促进中印两国间的人文交流。在慕克吉和袁贵仁的共同见证下，暨南大学与印度古吉拉特中央大学签署合作协议。双方在师资交流、学生交流、合作研究、课程开发等方面达成共识。

2016 年 8 月，由俄罗斯、哈萨克斯坦、吉尔吉斯斯坦、塔吉克斯坦、白俄罗斯、印度、巴基斯坦、伊朗、阿富汗、蒙古共 10 个上合组织国家 114 名青年组成的代表团访问内蒙古，开展主题为"上合合作新未来"的首届"上合组织青年交流营"活动。此次活动是 2015 年习近平主席在上合组织乌法峰会上确定的国家元首项目，中方将在邀请上海合作组织国家青年领导人访华研修计划的基础上，自 2016 年起连续 5 年在华举办"上合组织青年交流营"，旨在不断加深各国青年间相互了解，密切情感联系，促进上合组织成员国青年客观了解中国国情与发展经验，倡导各国青年积极参与"一带一路"建设，引导上合组织国家青年认同和树立"一带一路"理念和命运共同体意识，推动成员国之间关系向前发展。2016 年 9 月第四届金砖国家教育部长会议在印度新德里召开，会上金砖五国教育部代表签署了《新德里教育宣言》。《新德里教育宣言》强调金砖国家将加强国际合作,促进教育公平和包容,并希望各国今后加强在职业教育、教育质量保障、终身学习、高校成果转化和促进师生交流等方面的合作。该宣言完全契合了联合国2030年可持续发展议程。印度南亚大学校长卡维塔·沙尔玛认为高等教育应均衡发展,大学的发展应该有助于削减地区和人群之间的差异,为此大学必须重视文化的多样性。大学要对文化多样性敏感,可以体现在大学录取新生应该包括弱势群体上,这些应该成为大学固有的机制。教育既应该有本土化的特色,也应跟上世界的潮流。模式的转变会更强调学科之间的相互兼容和渗透,而不是像现在这样,各个科目之间分得这么细,泾渭分明。今后大学之间应该有更多交流和合作。所以大学的教育、科研都应该走更分散、专业的道路,应该打造更开放的系统。大学对学生的评估不仅仅是依靠考试的分数,对大学本身的评估也应该是开放性的,当然这意味着评估的方法会变得更加复杂。

2016年10月,中国—东盟大学智库联盟在广西大学举行成立仪式,来自广西大学、厦门大学、贵州大学、云南大学等及东盟国家高校的代表共80人出席。

2016年11月,中国驻加尔各答总领馆与加尔各答中文学校合作,在当地米兰·迈拉(MilanMela)展览馆成功举办"中国高等教育成就及招生展览"。清华大学、中国传媒大学、华东师范大学等30所中国高校和2家单位参展。主办方邀请了有代表性的各类中国高校前来参加展览,供印度学生了解并选择感兴趣的专业。此次展览旨在为印度民众了解中国高校发展、赴华留学信息以及中国文化和社会提供一个平台,促进中印高校交流合作。为期两天的展会内容丰富,人流熙攘,互动热烈,组织有序,获得中方参展院校和印方观展人士的积极肯定。印度贾达普大学、加尔各答大学、西孟邦政府艺术学院、技术大学、西科姆技术大学、阿米特私立大学、比拉女中、圣泽维尔中学、圣劳伦斯中学等印东地区大中院校师生、家长和民众共5000多人参观了展览。展会上,参展院校和单位展示了各自的办学成就和特色,介绍了相关专业,并与前来咨询的印方人士积极互动。很多印度学生当场表示将赴华留学,并与相关高校签署了意向书。

2017年1月,印度规模最大的图书展会——第25届新德里国际图书博览会拉开序幕。安徽少儿出版社首批印地语图书正式亮相书展。1月13日上午,该社输出到印度的"全国优秀儿童文学奖获奖作家精品书系(10册)"印地语版图书新书发布会在展会隆重举行。印度当地出版界、教育界以及新闻界代表出席了本次活动。发布会标志着安徽少儿出版社“丝路书香工程”项目在印度正式启动。下一步,该社将和当地出版社就该书的宣传和营销做进一步沟通,大大提升该书在印度的影响力。

2017年4月,清华大学发起成立首个以亚洲高等学府为主体的大学联盟——亚洲大学联盟(Asian Universities Alliance,简称AUA),涉及亚洲14个国家和地区的15所高等院校,清华大学为联盟创始主席单位,联盟成员包括清华大学、北京大学、香港科技大学、日本东京大学、韩国国立首尔大学、新加坡国立大学、印度尼西亚大学、马来西亚马来亚大学、泰国朱拉隆功大学、缅甸仰光大学、印度理工学院孟买分校、斯里兰卡科伦坡大学、沙特国王大学、阿联酋大学、哈萨克斯坦纳扎尔巴耶夫大学。作为首个由中国大学牵头成立、以亚洲高等学府为主体的高水平大学联盟,成立以来,通过定期举办联盟峰会、校长论坛、青年论坛、寒暑期文化浸润项目等活动,以及联合科研、学者互访、职员交换、图书馆馆际互借与文献传递等多个多边合作项目,在促进青年成长、培育未来领袖、推动协同创新、加强文化交流、凝聚区域共识等方面发挥了重要作用。亚洲大学联盟的建立有利于汇聚亚洲的优质高等教育资源,共同培养根植于亚洲多元化文化环境的青年领袖人才;有利于促进国际创新合作,有效应对亚洲乃至世界未来发展面临的共性问题和挑战;有利于加强亚洲各国人民特别是青年之间的文化交流,加深亚洲国家和地区之间的理解和互信,促进实现“持久和平、共同发展的亚洲梦”;有利于整体提升亚洲区域高等教育质量和科技创新能力,推动亚洲高等教育的崛起。

2017年7月,中国教育部部长陈宝生、印度人力资源发展部部长雅瓦德卡尔、俄罗斯教育科学部副部长阿加洛德娃、巴西驻华大使马尚、南非高等教育与培训部高等教育司副总司长黛安·帕克等率团出席了第五届金砖国家教育部长会议,会议在北京钓鱼台国宾馆举行。教育部部长陈宝生在讲话中表示,金砖国家的合作成功走过了第一个十年,在政治、经济、人文等诸多领域结出丰硕成果,金砖国家的教育交流与合作不断走深走实、稳步推进,为促进金砖国家人文交流和整体合作发挥了重要作用。

2017年9月,中国驻加尔各答总领馆与印度商会、加尔各答中文学校、云南省人民政府外事办公室合作,在当地奥博罗伊酒店成功举办中国与印东地区教育交流座谈会。中共云南省委常委、组织部部长李小三及其所率领的云南省代表团,印度孟加拉邦政府消费者事务部长兼自助组织与自主创业部长潘德（Sadhan Pande），以及加尔各答中文学校董事长萨拉夫（Madan Saraff）、印度商会执委会委员波达尔（Harsh Poddar）、贾达普大学常务副校长达斯（Suranjan Das）、印度社会福利与商业管理学院院长班德亚帕德耶（Soma Bandyopadhyay）、阿米提大学副校长恰托帕德耶（Dhrubajyoti Chattopadhyay）、印度国际大学中国学院院长阿维杰特（Avijit Banerjee）等当地政府官员、大中院校校长、教育专家、商界代表70余人出席了座谈会。大家一致认为，中印深化教育交流十分重要、意义深远，两国大中院校之间应建立更多联系，并让更多师生参与进来。同时，希望双方中央和地方政府给予更大支持，出台更多鼓励措施，包括鼓励有关教师到对方国家教授汉语、印地语，鼓励更多中国学生到印度大学就读等。他们还感谢总领馆所做大量工作，表示将继续与总领馆保持密切联系。

2017年12月，中印文化交流国际研讨会在泰戈尔的故乡——和平乡举行。中国北京、云南，印度加尔各答、新德里的两国嘉宾、学者和学生会聚于此，在参会的同时还为印度中国学研究的起点——印度国际大学中国学院80岁庆生，通过举办中印文化交流国际研讨会，感受那份未曾消散的文化共鸣。40年前在此学习，30年前在此任教，再次踏上中国学院二层小楼的台阶时，年近60岁的印度汉学家墨普德脚步很轻快。这里是他中国学研究的起点，也是全印中国学研究的起点。墨普德指着窗外那座小房子对笔者说："那就是'中正堂'。印度国际大学中国学院首任院长谭云山借此给自己的长子取名'谭中'。"这次，年近九旬的中印文化使者谭中也携全家从美国底特律远道而来。与印度中国学研究开枝散叶不同，印度国际大学中国学院这栋二层小楼数十年来变化不大。一层的8间教师办公室，是学生们聚拢围坐的教室；中间那间最大的公共教室里，佛陀背景的壁画在1957年周恩来总理访印时就挂在那里；二楼"文物级"的图书馆里，典藏着从民国政府到今日捐赠的中文典籍。阿维杰特是当时印度国际大学中国学院院长，这位印度学生口中的"阿老师"对学院拥有"整个南亚最多的中文典藏图书"颇为自豪："从谭云山先生开始，各个历史时期的中国政治家、文化学者、学术机构给学院捐赠了大量中国经典。其中有不少书在中国也很难找到了，我希望印中两国有更多专家学者重视并挖掘这里的价值。""政治难免有纷争，文化总让我们能走近"，前印度议会议员、印中友好小组组长塔伦维杰认为，"印中两国有太多的文化联系，这种联系是我们携手发展的基础。这次我来和平乡，就是要和中国朋友一起再次感受从泰戈尔时代缔结的文化纽带"。中国驻加尔各答总领馆是本次中印文化交流国际研讨会的主办方之一，总领事马占武介绍说，这次研讨会是习近平主席和莫迪总理厦门会晤后中印双方首次举行的大规模文化交流活动，来自中印各界的 70 多名嘉宾在泰戈尔的故乡共同感受中印文化共鸣，不仅是本次国际研讨会的主题，也是对中国提出"构建人类命运共同体"理念的践行。本次研讨会并非单纯的学术会议，结合印度国际大学中国学院 80 周年校庆举行，由中国对外友协率队而来的中国民间艺术展、印度学生与云南艺术家共同演出的晚会、云南大学历经 3 年打造的"中印两国青年互看"系列书籍发布等项目，令整场活动文化味十足。人们期望在印度"中国学"起步的和平乡，中印文化的共鸣将继续在推动两国关系健康发展中发挥重要作用。①

2018 年 3 月，中国驻加尔各答总领馆与杭州灵隐寺、加尔各答玄奘寺、印度国际大学中国学院合作，成功举办主题为"中印佛教及相关友好交流：历史与未来"的国际研讨会。马占武总领事在开幕式上表示，中印早在几千年前就开启了商贸和人文往来，为开辟丝绸之路做出重要贡献，佛教也是沿着丝绸之路传入中国的。围绕佛教展开的中印交流成为两国友好交往重要组成部分，并留下很多佳话。中国高度重视中印关系，希望双方进一步加强两国人文交流，着力增进互信，推动中印关系稳定健康发展。光泉法师在讲话中首先回顾了中印佛教交流史上跨越千年对话，介绍了杭州灵隐寺、杭州中天竺寺与印度的历史渊源。指出近 2000 年来，佛教联结了不同民族、国家、精神和文化，将其慈悲济世的精神潜移默化地渗入各国、各民族的血脉中，创造出辉煌灿烂的人类文明，为人类的共同繁荣作出了重要贡献。他认为今天的研讨会具有重要现实意义，希望通过研讨，更好了解两国友好交往的历史，更好增进新时期双方人文交流，进一步深化两国人民的友谊。印度国际大学常务副校长森教授表示，该校很荣幸合办这次中印友好交流研讨会。佛教交流是两国人文交流的重要内容，期待与中国佛教界学术界进一步加强联系，共同为双边友好交流合作贡献力量。

2018 年 4 月，由海南省教育厅组织的"海南—亚洲大学对话"圆桌会议在清华三亚国际数学论坛园区举行，海南热带海洋学院陈锐校长带队参

---

① 和平乡，中印文化在这里共鸣 [N]. 人民日报，2017-12-17.

加,与亚洲大学联盟高校人员同台交流,商议国际化办学。同一时期四川大学国际关系学院主办的第24期国际关系论坛上,邀请到了印度社会科学研究理事会东北中心副主任约书亚·托马斯(Joshua Thomas)教授。论坛从三个方面展开,一是中印两国协作领域的积极方面,二是中印关系存在的潜在隐患,三是对未来中印两国关系的展望和期盼。托马斯教授通过对比中印两国各方面情况,以展现中印两国在全球的重要地位,并用图表让听众直观地感受到近年来中印两国贸易合作上的发展情况。对比积极因素和潜在隐患,托马斯教授对中印关系持积极乐观态度。他通过引用中印两国历届最高领导人的话语,展望中印合作的具体方面,并讲述充满寓意的小故事,以说明中印两国之间应该站在更高的战略视角,加强交流合作,实现共赢发展。最后托马斯教授还对印度东北7个邦做了简要介绍,让听众更加清楚地了解到当地目前的发展现状。

2018年5月28日,印度"中国之友协会"在新德里举办庆祝中印建交68周年活动。中国驻印度使馆临时代办李碧建、文教参赞张建新及"中国之友协会"主席、印度人民院议员普拉桑那·帕特萨尼、联邦院议员普拉桑那·阿恰尔亚、联邦政府及拉贾斯坦、奥里萨等邦地方官员、学者等100余人参加活动。印方嘉宾在致辞中表示,中印地缘相近,文化相似,发展任务相同,加强交流并开展友好合作是两国关系健康稳定发展的唯一正确选择。他们赞赏两国领导人武汉非正式会晤达成的重要共识,表示"中国之友协会"将竭尽所能,为深化中印友好交流与合作做出更大努力。

2018年5月,在"5·12"汶川地震10周年纪念日暨全国第十个"防灾减灾日"下午,四川大学汶川地震10周年国际论坛在四川大学—香港理工大学灾后重建与管理学院国际会议厅成功举行。来自尼泊尔、阿富汗、孟加拉国、印度、缅甸、斯里兰卡等南亚多国的政府官员、专家学者和国内多所知名大学的专家学者,以及川大师生代表和有关单位的负责同志参加开幕式。

同月,由交通运输部、大连海事大学组织承办的世界海事大学来华实习交流活动欢迎会暨"促进IMO文件有效实施"研讨会在该校国际会议厅举行。此次活动是大连海事大学与世界海事大学首次合作搭建的人文交流平台,学员主要来自印度、菲律宾等9个"一带一路"沿线国家的政府部门和航运企业,活动聚焦"21世纪海上丝绸之路"倡议,致力于推动IMO(国际海事组织)文件有效实施、传播建设"21世纪海上丝绸之路"构想。

"一带一路"背景下中印教育交流合作研究

2018 年 10 月 17 日，第七届上海合作组织成员国教育部长会议在哈萨克斯坦阿斯塔纳举行。各国教育部代表相互通报了本国教育的发展情况，共同回顾了两年来上海合作组织教育合作进展，审议通过了《2019—2020年上海合作组织大学发展路线图》等一系列重要文件，就下一阶段的合作计划达成了共识。10 月 30 日，应外交部邀请，来自韩国、菲律宾、日本、斯里兰卡、印度尼西亚、阿富汗、印度、马来西亚、巴基斯坦、马尔代夫 10 个周边国家知名智库的学者一行 16 人到四川大学国际关系学院交流，就"一带一路"建设、我国周边外教政策等进行了座谈。

2018 年 12 月，由四川大学文学与新闻学院、国家社科基金重大招标项目"东欧马克思主义美学文献整理与研究"课题组主办，澳大利亚《论题十一》杂志社、中华美学学会马克思主义美学专业委员会等单位协办的"东欧马克思主义批判理论国际会议"在四川大学召开。来自匈牙利、澳大利亚、英国、美国、波兰、印度、捷克共和国、墨西哥、委内瑞拉以及中国社会科学院、复旦大学、黑龙江大学等 90 多位学者参加了本次会议。

2018 年 12 月 20—21 日，为落实中印两国领导人武汉会晤共识，促进中印两国双边合作和战略合作伙伴关系，深化双边人文交流合作，由两国外长牵头的中印高级别人文交流机制首次会议在印度新德里召开。作为中印高级别人文交流机制配套活动，为人文交流机制首次会议成功举办营造气氛和积累成果，进一步推动和宣传印度鲁班工坊中印高职院校合作办学模式，由天津市教育委员会和中国驻印度大使馆主办，天津轻工职业技术学院、天津机电职业技术学院、印度金奈理工学院承办，鲁班工坊研究与推广中心支持的首届"中国—印度职业教育合作论坛"在印度新德里成功举办。本次论坛以印度鲁班工坊建设经验、特色及成效为主线，旨在推进中印两国职业教育产教融合、人才培养以及技能赛事等方面的共享与共建，搭建产业、行业、企业、职业、专业"五业联动"国际化校企合作平台，促进中印职业教育交流与合作。拉夫里科技大学校长 Ramesh Kanwar 以《Lovely 职业大学建立中国工业职业中心的建议》为题，天津代表团的四位校长分别以《政校企协同创新 鲁班工坊扎根印度》《发挥行业办学优势共同培育技能人才》《"五业"联动合作共赢》《全国职业院校技能大赛经验分享》为题进行了发言。中材国际印度公司总经理李明飞代表在印中资企业进行了发言，充分肯定了印度鲁班工坊的建设以及对区域、行业和企业的辐射作用。

2019 年 3 月,中印高级别二轨对话在印度哈里亚纳邦马内瑟尔举行。中国前国务委员戴秉国、印度前国家安全顾问梅农等 40 余位中印前政要和学界专家参会。戴秉国和梅农在对话开幕式上发表主旨演讲。

2019 年 4 月,广西科技厅在广西大学组织召开高层次外国专家座谈会。广西科技厅、广西大学有关负责人与来自美国、日本、印度、巴基斯坦等国的 8 位在校工作高层次外国专家代表进行会谈交流。

同时印度学者也在积极研究中国教育,塔迪特·孔杜于 2018 年 8 月发表的《印度能从中国高等教育崛起中汲取哪些经验》中认为,其他发展中国家在培养学术人才方面远远超过了印度,中国在这方面的表现最为卓越。直到 21 世纪初,印度与中国在顶级大学数量和高等教育毛入学率方面还有些许差距。此后,中国就远远领先印度了。他认为,在英国夸夸雷利—西蒙兹咨询公司(QS)统计的世界 500 强教育机构榜单上,中国榜上有名的大学远远超过了印度。至于最新排名,中国有 20 多所大学名列 500 强,印度只有 9 所。中国自 20 世纪 90 年代末以来,利用多个五年规划,齐心协力,改进了高等教育领域,越来越专注于研究,并在授予博士学位方面逐步超越了美国。文章援引宾夕法尼亚大学的德韦什·卡普尔与哈佛大学的伊丽莎白·佩里在 2015 年合写的一篇研究论文指出,虽然中国的高校最初依赖政府资助,但是它们能够实现经费来源多样化,从其他方面筹措资金,包括学生交学费、校办企业和咨询公司的利润以及慈善捐款。经费来源增加也帮助中国提高了高校录取率,在 21 世纪初超过了印度。文章称,中国高等教育制度帮助中国在大多数量化指标上明显领先印度,从世界一流机构的数量到论文引用以及专利申请等方面。文章认为,印度政府正千方百计追赶中国。

2019 年 5 月,鲁班工坊与产教融合国际论坛在天津职业大学召开,除了已建立鲁班工坊的泰国、印度、印度尼西亚、巴基斯坦等国家,来自德国、俄罗斯、南非等 15 个国家的代表也参加了论坛,共同探讨鲁班工坊未来的发展。作为"国家现代职业教育改革创新示范区"的标志性成果,天津首创并率先主导推动实施了鲁班工坊建设,致力于为"一带一路"沿线国家培养当地经济社会发展急需的技术技能人才。2016 年 3 月至今,天津职业院校先后在泰国、英国、印度、印度尼西亚、巴基斯坦、柬埔寨、葡萄牙、吉布提等国建成 8 个鲁班工坊。

2019 年 5 月,"第四届中印青年对话论坛"暨"中印高校商科教学研讨会"在四川省南充市成功举办。本次会议围绕"如何加强两国教育交流,增进了解与互信合作"主题开展。双方就两国办学模式、人才就业、创新创业、职场文化以及如何充分利用各自优势增进理解互信、开发合作潜能等内容进行交流讨论,以促进中印高等教育的交流与互学互鉴。印度维维卡南达教育学院院长萨蒂什·莫德教授表示,中印高校之间的人文交流还存在着许多空白。维维卡南达大学正在不断拓展与各个国家高校之间的学术交流,希望通过本次议会能与中方有更多的合作机会。

2019年8月,"中印语言教育交流合作研讨会"在北京孔子学院总部举行,印度多所高校负责人、汉语教育家和著名专家学者与中国教育界人士参加并共同探讨如何创新发展中印语言教育。作为中印高级别人文交流机制的重要组成部分,"中印语言教育交流合作研讨会"吸引了包括中国8所高校和印度18所高校的负责人、孔子学院院长、汉语系主任、著名专家学者和优秀师生在内的100多名代表参加。与会人士重点研讨了中国开展印度语言教育,以及印度开展汉语教育的新理念、新方法,探讨两国语言教育交流合作的新思路、新办法。中印双方代表一致呼吁,积极开展对方国家语言教学和国别研究,增进两国青年互访,培养中印高端人才,满足中印两国日益扩大的教育文化交流合作需求。会议期间,孔子学院总部还与印度曼格拉姆大学签署了共建汉语教学中心的协议。孔子学院总部副总干事马箭飞说,促进友谊、沟通心灵的最好办法,莫过于学习对方语言、欣赏对方文化。孔子学院总部愿意与印度教育界保持密切合作,为印度民众学习汉语提供帮助,积极推动中印两国语言教育合作和人文交流,为巩固发展两国友好关系作出积极贡献。

三、"中印教育文化交流周"活动,是中印教育交流的重要平台

"中印教育文化交流周"包含了留学生文艺汇演、中印文化教育交流学术论坛、中印美食展、中印传统文化活动、南亚留学生球赛等多项精彩纷呈的活动项目。

2007年"中印教育文化交流周"活动拉开帷幕,电子科技大学,四川大

学等高校将此活动延续至今。电子科技大学计算机学院·软件学院与印度威洛尔大学签署合作办学协议,在互派实训学生、开展中印研究生硕士学位"1+1""0+2"留学项目等方面开展了一系列深入合作。电子科技大学计算机学院·软件学院启动本科生赴印度实训计划,每年选派优秀本科生前往印度威洛尔科技大学(VIT)等高校或企业,进行2—3个月的实训。

大理大学自2002年开始,每年举办一届"国际日"活动,17年来,"国际日""中印教育文化交流周"活动,已经发展为颇具影响的校园文化品牌和教育国际化的重要平台。

2019年3月11日,在大理大学古城校区举行的第17届"国际日""中印教育文化交流周"活动中,中印(本地治理)友好协会总裁拉达女士在发言中说,中印两国在文化、教育等方面的历史渊源,为中印两国进一步合作搭建了一个交流、分享的平台,为参加活动的各国高校在学术、科研、人才培养、国际化办学等方面起到良好的促进作用。

"中印"文化教育交流学术论坛上来自中印双方的专家学者、教育工作者、留学生管理人员及留学生代表就中印教育体系对比、中印合作模式、中印教育交流渠道、中印教育扶贫比较、南亚留学生教育管理等方面进行了讨论交流。

举行"中印教育文化交流周"活动,拓展中国教育机构与印度教育机构合作的同时,使中国更多的师生走出了国门,在更加广阔的平台上与世界各国的师生进行交流和学习,开拓了视野,提高了学校国际化办学水平。

中外合作办学是中国高等教育大众化、高等教育国际化的双重产物。中印高等教育合作办学,加速了我国高等教育国际化进程,拓宽了我国高等教育筹资渠道,培养了一大批国际化专业技术人才,但也客观存在引进印度等国外优质高等教育资源总体水平不高、部分机构和项目办学行为不够规范、外籍教师实际授课偏少等问题。

四、"中印友好年"是加强中印教育合作、最具国际影响力的交流形式

北京大学的印度学教学与研究始于1917年,历史悠久,成绩斐然。

"一带一路"背景下中印教育交流合作研究

1946年,北京大学创立东方语言文学系,印度语言文学专业正式诞生,印度学专家季羡林和金克木先生是创始人和第一批教研人员。在他们的带领下,我国开始了真正现代意义上的印度学教学与研究工作。创建学科以来,北京大学的印度学教学和研究一直是我国国内印度学的中心,在国际上具有相当影响力。

2006年5月22日,"2006中印友好年·北京大学印度节"开幕式在北京大学百年纪念讲堂广场隆重举行。活动由北京大学印度研究中心主办、印度驻华大使馆协办。印度驻华大使馆、美国哈佛大学、中国社会科学院、中国国际广播电台、国家图书馆、北大外国语学院、北大国际关系学院、北大历史学系、北大哲学系等单位的相关官员、专家学者也出席了此次开幕式。

北大党委常务副书记吴志攀教授、印度驻华大使苏理宁先生、北大外国语学院院长程朝翔教授、印度研究中心主任王邦维教授先后在开幕式上致辞,祝愿中印两国友谊长存,共同发展,共同繁荣。

2006年1月17—27日,值中印友好年之际,首都师范大学附属实验学校的师生团作为第一个访印的学生文化交流团,在刘彦弟校长的带领下访问印度。首都师范大学附属实验学校代表团在印友好交流期间,印度联合国教科文组织协会秘书长巴特纳特先生始终陪同。代表团在新德里访问了四所学校,参加了印度共和国日盛大的庆典预演活动,并且参观了世界七大奇迹之一的泰姬陵和甘地墓、红堡、胡马雍陵、古特伯高塔、贾马清真寺、阿格拉堡、莲花庙等许多名胜古迹,师生们所到之处都受到极其友好、热情的接待。印度多家报纸及德里电视台刊登或播出了有关德里市长在她办公室多年来第一次亲切接见来自中国北京的师生访印代表团的新闻。师生们还参加了印度共和国日盛大庆典预演,并被安排在观礼最佳的VIP座位观赏了精彩的庆典节目。①

---

① 牵手印度,搭建中印教育友好之桥.新浪网 [2006-04-20]. http://news.sina.com.cn/o/2006-04-20/14268749043s.shtml.

第四章
中印研究与教育交流情况

印度作为"21世纪海上丝绸之路"沿线的重要国家,其建设和发展一直受到国内外学者的广泛关注。随着我国学者对印度教育研究的深入与发展,两国学者在教育方面的交流与互动也逐渐成为双方加强文化沟通以及战略对接的重要途径。

现代中国与印度的学术交流一方面继承了古代以佛教为核心的文化交流传统,另一方面在语言、文学、艺术、宗教、考古等多科学领域有了较大的拓展。

20世纪早期,以康有为、梁启超等人为代表的中国知识分子,希望通过对印度的关注,探究东方文明在现代环境中的冲突与发展。1924年印度诗人泰戈尔访问中国,引起了中国知识分子的高度关注,也因此促使中印学术交流进入了新的阶段。1934年印度中印学会在印度国际大学成立,泰戈尔任主席,次年中国中印学会在南京成立,蔡元培任主席。之后两国的中印学会积极促进两国学者互访,并互派留学生到对方国家深造。

1947年印度独立、1949年中华人民共和国成立,中印两国进入了自主发展的新阶段。20世纪50年代,中印两国学者互访更为频繁,但是由于1962年中印两国边境武装冲突的爆发,两国之间的学术交流一度陷入了谷底,70年代后期中印关系正常化之后才得以再度发展。

这一时期中国社会科学院与印度社会科学理事会签订了长期交流合作计划,定期在中印两国分别举行各种学术会议。1988年,拉吉夫·甘地访华,两国政府签订第一个文化交流与合作协定,开始实施文化交流项目,内容涉及艺术、考古等多个学术领域。

进入21世纪,中印两国学术交流更加频繁,两国间的学术会议、学者互访日益频繁,对彼此间的研究也不断地拓展与加深。2003年6月,印度时任总理A.B.瓦杰帕伊访华,中印两国签署了双边教育交流项目协议,在交换学者、教师培训、高校交流,以及印地语和中文教师交换方面达成共识。印度文化关系理事会长期资助中国学生前往印度学习,同时派遣印度专家赴中国从事教学研究活动,相继与中国社会科学院、北京大学、清华大学、复旦大学、暨南大学、云南大学、广东外语外贸大学等众多中国高等院校建立了合作关系。2013 年 5 月,中国总理李克强访问印度期间,与印度就双边关系和共同关心的国际、地区问题深入交换意见,达成广泛共识,并且发布了《中华人民共和国和印度共和国联合声明》,内容包括将 2014 年定为"友好交流年",并于 2014 年完成《中印文化交流百科全书》编撰工作,同意启动"中印经典作品互译工程"等项目。2015 年 5 月印度共和国总理纳兰德拉·莫迪对中国进行了访问,在这次的《中华人民共和国和印度共和国联合声明》中提到,"两国领导人注意到加强教育机构交流将为两国社会经济发展发挥积极作用,欢迎双方相关部门签署教育交流计划"。①

一、中印研究交流现状

（一）中国的印度研究

我国的印度研究主要集中在印度文化、艺术、历史、语言、考古学及宗教相关的研究,据相关记载,中印有记录的交往始于公元前 2 世纪。10 世纪以前,中印研究交流主要以佛教研究为核心,之后随着两国之间的经济贸易往来不断深入发展。在 19 世纪末两国同时受到西方殖民主义的入侵,我国的一部分知识分子怀着借鉴经验救亡图存的心情,开始了对印度其他方面的研究,在 20 世纪初逐渐拓展到了文化、历史和政治经济等领域,同时研究的深度和广度也有所提升,形成了较为完备的学科体系。1934 年 5 月印度建立由泰戈尔担任主席的印中学会,1935 年 5 月中国建立由蔡元培担任学会主席的中印学会。1942 年,为解决战时通译人才急需,当时国民政府在云南呈贡建设了国立东方语文专科学校,并开设了越南、暹罗、缅甸、印度 4 个学科,该校 1949 年并入北京大学。这也是中国大学首次设立印度语言专业。

1949 年新中国的成立为各领域的学术研究提供了有利的环境。1950

---

① 中华人民共和国和印度共和国联合声明 [EB/OL]. 新华网 [2015-05-15]. http://www.xinhuanet.com//world/2015-05/15/c_1115301080.htm.

年中印建交后,中国学者研究印度的客观需求和主观兴趣均有明显提升,中国的现代印度学也取得了空前发展。由于外交和文化交流的需要,我国政府于 50 年代选派了一批学生赴印度交流学习。这一时期,三四十年代在海外留学和从事研究工作的学者纷纷回国,开始从事印度语言、文学、哲学、宗教和政治经济等相关的研究,并在这些方面发挥出了强有力的作用。

1978 年,由北京大学和中国社会科学院合办的南亚研究所成立,季羡林担任所长,主要从事南亚地区宗教、哲学、政治、经济、历史、文化和语言文化等相关的研究工作,印度则是其重点研究对象。1979 年中国南亚学会成立,创办了《南亚研究》《南亚译丛》《南亚东南亚资料》三种刊物。中国社会科学院研究生院于 1978 年设立南亚研究所并开始招收研究生;与此同时,于 1964 年成立的四川大学印度教研究室扩展为南亚研究所,后创办了《南亚研究季刊》。辽宁大学和华中师范大学相继成立印度史研究室;云南省社会科学院也成立了南亚东南亚研究室。一段时期内,我国的印度学研究队伍不断扩充,研究资源得到了有效的整合,不仅涌现出大批的专业人才,还有大量的研究成果问世。

在此不得不提到为中印关系做出杰出贡献的友好使者谭云山,他为构筑中印文化桥梁、传播中印文化付出了毕生精力。在印度国际大学中文班任教期间,他在《东方杂志》上撰写了大量关于印度文化、民族运动的文章,受到印度朋友的赞赏。他提出了在中印两国分别建立文化协会,以主持两国文化交流的大胆设想,得到泰戈尔的极力赞同。经过努力,中印两国文化协会分别在上海和印度的圣谛危克坦宣告成立,增进了两国友好往来。泰戈尔提出在印度国际大学设立中国学院,作为交流中印文化、传播中国文化的固定据点,并将这一重任交给谭云山去完成。他不负重托,多次往返于中印两国之间,经过精心筹办,印度国际大学中国学院于 1937 年 4 月 14 日正式成立,谭云山受命任首任院长。印度总理尼赫鲁派女儿英迪拉前往参加成立典礼并致贺辞,称赞中国学院的成立,"把中国和印度紧密地联系起来"。谭云山领导中国学院秉承"研究中印学术,沟通中印文化,融洽中印感情,联合中印民族,创造人类和平,促进世界大同"的办学宗旨,数十年致力于教学和学术研究,将学院办成了名副其实的中印学者研究对方国家语言、文学、历史、宗教、哲学诸学科的摇篮。东南亚及欧美国家的许多青年学者慕名前往学院深造、进修或研究。1956 年,周恩来总理访问印度时,特地参观了国际大学中国学院,高度称赞谭云山"为促进中印文化交流所作出的不懈努力"。印度总理英·甘地夫人也赞美他"是一位伟大的学者,一位真正有文化素养的人","为印中两国文明更好的交流作出了巨大贡献"。1956年、1959年,他应中华人民共和国国务院特别邀请,两度回国观光,参加国庆典礼,受到党和国家领导人毛泽东、刘少奇、周恩来的接见。在全国政协二届三次会议上当选为特邀委员。谭云山是一位成就卓著的著名学者,被印度学者、评论家、新闻界称为"寂乡鸿儒",青少年时代精读了大量古典名著,打下了坚实的国学根底,留学、任教海外期间,又努力学习和吸收了外国文化的营养。他对中国古典文学、诗词、佛教和印度哲学造诣很深,留下丰富的著述。《海畔诗集》辑入其20世纪20年代所写的诗,30年代在南洋华人中影响很大。他撰写的《世界历法与历法革命》《印度周游记》《印度丛谈》《印度六大佛教圣地图志》《西藏见闻录》等38种英文和10余种中文长篇巨著,文笔流畅,饱含哲理,具有很高的文化学术价值。1968年从印度国际大学中国学院退休,享有终身名誉教授殊荣。1979年又被该校授予最高荣誉——文学博士。1983年2月12日在印度菩蒂伽耶住所病逝,终年85岁。

随着印度国际地位的提升和中印关系的发展,我国政府也逐渐意识到了印度研究的重要性。2010年,时任我国总理温家宝与时任印度总理M.辛格共同推进编纂《中印文化交流百科全书》。2013年,我国总理李克强与辛格共同启动"中印经典作品互译工程",表明了我国在深化中印人文交流和印度研究方面的决心。2018年9月,印度中央邦向中国著名印地语学者、北京大学教授姜景奎颁发卡米耶·布尔克奖,以表彰他在印度语言文学和文化方面的贡献。在印度中央邦首府博帕尔举行的颁奖典礼上,中央邦首席部部长希夫拉杰·辛格·乔汉向姜景奎颁发了获奖证书。在随后的致辞中,乔汉称赞姜景奎的印地语研究水平令人佩服,是世界上少有的优秀印度语言文化学者。

(二)印度的中国研究

从印度现有研究水平来看,与中国研究相关的学术项目并不是全面发展的,部分领域整合成为学术项目的时间要早于其他领域。1918年首个汉语项目由加尔各答大学引入,但由于生源少和资金不足,几年后就被迫停办。随后得益于泰戈尔对中国的访问,1935年5月印度建立由泰戈尔担任主席的印中学会。中国学院即中国语言文化系于1937年在国际大学成立。20世纪40年代,加尔各答大学和贝拿勒斯印度大学分别开设汉语专业,德里大学于50年代加入该阵营。70年代,尼赫鲁大学设立了一套完整的5年制汉语硕士培养计划。1947年印度独立以后,新任领导人渴望了解和中国相关的专业知识,因此各类关于中国的研究项目应运而生。

1962年中印边境发生武装冲突,之后印度更加重视对中国问题的研究。这一时期由于往返于中国和印度之间的跨境出行受到了严格的限制,两国之间的各种交流包括学术交流产生了一段时间的停滞。1978年学术交流逐渐开始复苏并在20世纪80年代开始繁荣发展,主要的交流领域涵盖了语言、文化以及一些社会科学学科,特别是历史和政治思想学科。

1988年印度时任总理拉吉夫·甘地对中国进行正式访问,这次访问被认为是中印两国关系的转折点,它巩固和深化了中印双边关系中政府和民间在各个领域的互动。20世纪90年代,随着中印两国经济关系的不断加深,印度对我国的研究兴趣大增,不仅体现在高层互访和学术交流上面,也表现为我国与印度留学生互派数量激增等方面,许多研究机构已经或正在建立专门从事中国研究的部门。

进入21世纪以来,随着越来越多人力和物力的投入,印度的中国研究进入了稳步发展的阶段。与此同时,大多数中文专业的毕业生在印度政府部门、旅游行业以及跨国公司中找到了工作,另一些学生有的在大学任教,有的则继续从事更为深入的区域项目研究。对于国际关系和社会科学学科的毕业生来说,一些人继续从事更为深入的区域研究项目,一些人则在教学和研究领域谋求职位。除印度国防研究和分析研究所、印度世界事务理事会、政策研究中心、和平与冲突研究所的资深研究机构外,一些新的中国研究所逐步出现。一方面,越来越多的中央和地方大学开始开设与中国相关的课程,另一方面,大学拨款委员会也在遍布全印度的知名大学和研究机构中设立了中国研究点。与此同时,印度各主要城市已经出现很多私立汉语教学中心。这些中心虽然不从事专业的中国研究,但仍吸引了大量因职业需求而热衷于汉语学习的人。此外,随着印度中等教育中央理事会将汉语作为中学阶段的一个学习科目,学生们有望将对中国的兴趣保持到高中甚至大学,最终加入日益壮大的中国研究队伍中。

二、教育交流情况现状

中印两国的教育交流与合作成型并开始于20世纪40年代,历经近80年的发展,现阶段两国教育交流主要在留学生互派、构建合作交流平台以及设立相关国家研究中心等方面进行开展。

(一)留学生互派情况

进入新世纪以后,高等教育领域的全球化发展趋势日益显著,特别是2001年中国加入世贸组织后,教育服务贸易的观念逐渐被广泛接受,中印两国的留学生教育发展也顺应了这一潮流。政治互信的建立有力推动了留学生教育发展。2003—2007年,印度来华留学呈现出井喷式增长。2003年,印度来华留学生首次突破100人,到2004年就超过了700人,2005年更是超过3000人,来华留学生的国别排名从2003年的第31位跃升至2005年的第8位,此后一直保持高速增长。2007年,印度占所有来华本科留学生的比例达到11.9%,学科专业主要集中在临床医学(MBBS)。在2007年自费来华学习临床医学的留学生中,印度学生达到6157人,占全部来华学习医学(西医)留学生的36.4%。中国云南省拥有与南亚国家间便利的陆路通道,2003年以后积极开展对印度等南亚国家的教育交流。大理大学从2005年开始与印度的教育机构合作招收留学生,主要学习临床医学。2010年,江苏大学国际教育交流学院的外国留学生共226人,其中印度学生139人,绝大部分学习临床医学、外科学、药学等专业。2012年,印度来华留学生超过1万人,10年间增长了几乎100倍。

随着经济实力的不断提高,中国接纳的留学生人数逐年增多,尤其是近些年"一带一路"的不断推进与发展,中国逐渐成为亚洲最大留学目的国,来华留学生规模趋于稳定,层次显著提升,学科分布趋于合理。2016年,来华留学生总数较上年增长了11.35%,"一带一路"参与国留学生增长了13.6%。从2004—2016年,来华留学生总数增长了近3倍,同期"一带一路"参与国留学生增长了7.3倍多,达到约20.8万人,占来华留学生总数的46.92%。来华留学人数最多的10个国家中,7个都来自"一带一路"相关国家。其中,泰国、巴基斯坦、印度、印度尼西亚的平均增幅都超过 20%。显然,"一带一路"已成为来华留学的重要增长点,而且需求远未饱和,还有较大增长潜力。对"一带一路"相关国家学生来说,中国具有两方面吸引力:一方面是中国的政策和机制性鼓励。中国教育部及各级教育系统出台了一系列指导性文件,推进与"一带一路"相关国家的教育合作。2015 年 10 月,"一带一路"相关 8 国 47 所高校在甘肃敦煌成立"一带一路"高校战略联盟,截至 2017 年,联盟成员已达到 148 所高校,涵盖 27 个国家。目前,一共有 46 个国家和地区与中国实现了学历学位互认,其中有 24 个国家都是"一带一路"相关国家。另一方面是奖学金支持。2015 年,共有 4.06 万名来华留学生获得中国政府奖学金,其中近 60% 来自"一带一路"相关国家。部分省份高校也相继设立了专门面向"一带一路"参与国学生的奖学金项目。

中国教育部统计数据显示,2018 年,共有来自 196 个国家和地区的 49.22 万名留学生来华留学,其中,"一带一路"沿线 64 个国家来华留学生人数共计 26.06 万人,占总人数的 52.95%。2017 年共有 48.92 万名外国留学生在中国高等院校学习,其中印度留学生人数仅次于韩国、泰国、巴基斯坦和美国,位列当年年度来华留学生生源国第五位。2016 年印度来华留学生人数为 1.8717 万人,位列当年度来华留学生生源国第五位。[①]从数据显示来看,近年印度来华留学人数基本上每年都在增长,从 2012 年的 1.0237 万人增加至 2016 年的 1.8717 万人,增长了近 82.8%。

从印度来华留学生的类别来看,大部分都是学历生源。2014 年,印度来华留学生为 1.2501 万人,占印度来华留学总人数的 92%,大部分为来华攻读本科学位的学生,这些学生来华攻读的学位大多为文科学位。近年来,随着中国的综合实力及自然学科专业教育能力的不断提高,来华学习工科、管理、理科、艺术、农学的学生数量增长明显,同比增幅均超过了 20%。印度留学生到中国留学更加偏重于医学、计算机以及铁路及高铁建设等相关专业。

中国政府及各高校也十分重视赴印留学,从 20 世纪 80 年代至今,我国政府每年都会公派一定数量人员赴印留学。印度是一个拥有 5 万多所高校和超过 3400 万在校生的高等教育大国,但是在高等教育国际化发展方面起步较晚,2000 年只有 7000 名国际学生。印度大学具有高度的自主权,公立

---

① http://www.ribbsh.com/view/20180525/49.html.

大学入学考试竞争十分激烈。从 20 世纪 90 年代开始,印度的高等教育逐渐开放,特别是很多私立大学的教学质量和教学环境显著提升。2002 年,印度海外教育促进委员会(COPIEA)成立,积极推动与世界各国的合作交流,促进印度的教育服务贸易发展,高等教育市场化发展加快,各类教育机构深度参与到跨国留学生教育的招生环节。在 21 世纪的前 10 年,我国赴印度留学的公派和自费生规模也逐渐增加。

2005 年以后,随着自费留学的兴起和发展,逐渐有更多的留学生选择自费赴印留学。据不完全统计,2009 年在印度的中国留学生人数有将近 2000 人左右,比过去 10 年中国赴印留学生总数还要多,且大多是自费留学生。[①] 位于"南亚硅谷"班加罗尔和经济贸易重镇金奈之间的韦洛尔科技大学,在印度私立大学中排名领先,被印度大学委员会评定为五星级大学,其优质的教学和良好的设施吸引了越来越多的自费中国留学生。2009 年,有 414 名中国学生在该校学习,成为中国赴印度留学生最为集中的学校。公派留学生主要通过政府间协议的交换生项目和国家留学基金委资助项目,学习印地语和印度文学等专业,留学时间一般为半年至一年。这一时期,我国赴印自费留学发展较快。由于印度在计算机科学及软件工程、人工智能等方面有十分强劲的的研究基础及实力,中国留学生赴印大多都选择相关专业进行学习或深造,还有部分留学生选择医学等方向进行研究和学习。

(二)共筑合作交流平台

中印两国在高等教育交流方面创立或加入了许多大学联盟或其他教育类联盟,这些联盟包括"中印教育科技联盟""喜马拉雅大学联盟""丝绸之路大学联盟"等。通过这些联盟的活动与交流,双方的研究者和学生能够更好更快地获取新的专业知识和思路,增进校与校之间的交流,为留学生互派和师生交流合作开拓更广拓的空间和途径。2011 年中印青年传统文化交流活动作为"中印交流年"的重要项目,500 名印度青年在中国进行了为期 10 天的参观访问。2018 年 7 月中国—瑞士—印度(CIS)国际交流访学项目在

---

① 万极留学.中国在印度留学生状况 [EB/OL].http://www.wanjiedu.com/newsinfo/news_13_923.shtml.2017-01-14.

北京理工大学正式开幕。该国际交流访学项目由瑞士沃州工商和工程应用技术大学(Heig-Vd)、印度卡纳塔克邦国家技术研究所(National Institute of Technology Karnataka)以及北京理工大学联合举办。自2014年至今,中国、瑞士、印度三国轮流作为主宾国家接待其他两国师生,每届暑期项目由8名印度学生、8名瑞士学生和8名中国学生以及三方学校教授共同参加。

另外,中印双方还积极参与了许多多边教育论坛,如"中印大学校长论坛""中国—南亚文化论坛""'一带一路'教育合作论坛""南亚防灾减灾论坛""国际关系论坛"等。通过这些平台,中印双方建立了完整的产学研机制与体系,开发和创立了许多中印双边国际交流项目,为两国之间的教育合作交流和留学生互派流动创造了良好的条件。如2016年在北京召开的有印度时任总统穆克吉出席的"中印大学校长圆桌会议"上,来自中印双方的包括北京大学、清华大学等12所中国大学,德里印度理工学院、那烂陀大学等8所印度大学等,就高校科研、合作培养学生以及师生互换交流合作达成了深度合作协议。[①]2017年中国驻加尔各答总领馆与印度商会、加尔各答中文学校、云南省人民政府外事办公室合作成功举办了中国与印东地区教育交流座谈会。会上大家一致认为,中印深化教育交流十分重要、意义深远,两国大中院校之间应建立更多联系,并让更多师生参与进来。同时,希望双方中央和地方政府给予更大支持,出台更多鼓励措施,包括鼓励有关教师到对方国家教授汉语、印地语,鼓励更多中国学生到印度大学就读等。

(三)搭建合作办学项目或载体

通过多年的教育交流与合作,中印双方已经搭建了多个合作办学项目,据教育部中外合作办学监管信息工作平台记录显示,目前中印合作办学项目共4个,分别是广东工业大学与印度韦洛尔理工大学合作举办动画专业本科教育项目、黄淮学院与印度迈索尔大学合作举办软件工程专业本科教育项目、湖北师范学院与印度拉夫里科技大学合作举办生物技术专业本科教育项目,以及云南民族大学与印度辨喜瑜伽大学合作举办体育硕士(瑜

---

① 北京大学国际合作部新闻中心 [EB/OL]. http://www.oir.pku.edu.cn/info/1035/2524.htm.

伽)教育项目。①除此之外,国内许多高校还与印度高校相关方面进行交流与合作,这些合作主要集中在本科教育层次与技术交流层次,主要合作方向都是两国的优势学科,如软件及计算机技术、软件工程、生物工程以及铁路建设和医学等方面。教育部中外合作办学监管信息工作平台记录显示,每期的交流人数维持在 100—200 人,其他学校的教育交换学生人数则多为3—10 人。

作为中印双方的合作交流载体,孔子学院在其中也发挥了十分重要的作用。随着"一带一路"倡议的提出,孔子学院的建设也更加受到重视。2019 年初,中共中央、国务院印发了《中国教育现代化 2035》第九条:"促进孔子学院和孔子课堂特色发展",中共中央办公厅、国务院办公厅印发《加快推进教育现代化实施方案(2018—2022 年)》第九条:"推进共建一带一路教育行动",优化孔子学院区域布局,加强孔子学院能力建设。这说明,孔子学院对"一带一路"民心相通工程的重要性得到了充分肯定,而孔子学院也将借力"一带一路"进入一个高质量稳步发展的科学轨道,并且就像一根根毛细血管,把"一带一路"和人类命运共同体的和平理念融入"一带一路"沿线国家的日常生活,进而推动全人类合力共创可持续发展的新世界。②目前,我国在印度建立了四所孔子学院和两个孔子课堂,分别是韦洛尔科技大学孔子学院、孟买大学孔子学院、拉夫里科技大学汉语教学中心、金德尔全球大学汉语言培训与研究中心,以及加尔各答中文学校孔子课堂、印度巴拉蒂大学广播孔子课堂。③通过孔子学院和孔子课堂,我国的语言及文化得到了更为广泛的传播,为中印两国的交流提供了更加便捷的渠道。

(四)设立研究中心

设立研究中心是两国增进理解、加强沟通的重要途径。据不完全统计,

---

① 中华人民共和国教育部中外合作办学监管信息工作平台 [EB/OL]. http://www.crs.jsj.edu.cn/aproval/orglists.

② 孙宜学. 建设"一带一路"孔子学院推动构建人类命运共同体 [J]. 中国教育报,2019-09-12(7).

③ 孔子学院总部 / 国家汉办官方网站 [EB/OL].http//www.hanban.org/confuciousinstitutes/node_10961.htm.

中国的印度研究中心共有 6 所,分别是西华师范大学印度研究中心、深圳大学印度研究中心、北京大学印度研究中心、复旦大学甘地和印度研究中心、广东外语外贸大学印度研究中心及云南财经大学印度洋地区研究中心。另一方面我国还设有研究印度的机构 20 多所(详见表 1)。虽然各研究中心的研究方向侧重点不同,但是研究内容基本都涉及印度的国家概况、外交关系、中印关系等方面。

表 1　中国研究印度的机构

序号	机构名	序号	机构名
1	中国社会科学院亚太与全球战略研究院	13	中国国际问题研究所
2	中国社会科学院外国文学研究所	14	中国现代国际关系研究院南亚研究所
3	中国社会科学院梵文中心	15	中国传媒大学金砖国家研究中心
4	北京大学南亚研究中心	16	西安外国语大学东方语言文化学院
5	北京大学印度研究中心	17	上海外国语大学东方语学院
6	北京大学外国语学院南亚学系	18	广东外语外贸大学东方语言文化学院
7	四川大学南亚研究所	19	北京大学东方文学研究中心
8	北京外国语大学亚非学院	20	云南省社会科学院南亚研究所
9	北京外国语大学南亚研究中心	21	云南财经大学印度洋地区研究中心
10	深圳大学印度研究中心	22	云南民族大学东南亚南亚语言文化学院
11	中国传媒大学外国语学院	23	西华师范大学印度研究中心
12	复旦大学甘地和印度研究中心	24	广东外语外贸大学印度研究中心

资料来源:《中印文化交流百科全书》,第 529 页。

印度国内比较著名的中国研究中心有印度中国研究所、德里大学中国研究所、尼赫鲁大学国际关系学院等(详见表2)。其中,德里大学中国研究所是印度专门从事中国问题研究的权威学术机构,代表着印度研究中国问题的最高水平。

表2 印度研究中国的机构

序号	机构名	序号	机构名
1	费尔古森学院	16	亚洲研究所
2	德里大学东亚研究系	17	加尔各答中文学校
3	中国研究所	18	金奈中国研究中心
4	尼赫鲁大学中国与东亚研究中心	19	印度理工大学马德拉斯分校中国学研究中心
5	尼赫鲁大学东亚研究中心	20	安倍德尔卡大学
6	印度国防部外国语学院	21	贝拿勒斯印度大学外语系
7	国防研究和分析所	22	英语和外国语大学
8	中国分析与政策中心	23	泰吉普尔大学
9	政策研究中心	24	都安大学语言学院
10	和平与冲突研究所	25	吉吉特拉中央大学语言文学与文化研究学院
11	南亚分析组织	26	金德尔全球大学
12	印度世界事务委员会	27	阿米提大学
13	德里政策集团	28	锡金大学亚洲研究系
14	印度国立伊斯兰大学国际关系学院中国研究中心	29	恰尔肯德中央大学远东语言中心
15	国际大学中国学院		

资料来源:《中印文化交流百科全书》,第530页。

（五）校校合作

近年来,中国与印度间的校校合作逐渐增多,双方优势互补,在信息技术、医学、高铁等方面开展合作。2003 年 10 月,印度德里洲际大学管理学院院长潘迪特教授一行访问海南大学,副校长符华儿研究员在图书馆会见了潘迪特教授,对他的来访表示热烈的欢迎,并介绍了该校办学和学术交流的情况。潘迪特先生介绍了印度德里洲际大学的一些基本情况,并表示愿意促成德里洲际大学与海南大学在信息与管理等方面的合作与交流。2004年 12 月,印度德里洲际大学管理学院院长潘迪特教授再次访问海南大学,双方就海南大学与印度德里洲际大学之间就学者互访、学术交流、情报互换、合作研究、学术研讨等方面达成了合作协议。2006 年 5 月,印度安那大学校长 Dr. D.Viswanathan 访问电子科技大学,与该校签订在本科生、研究生培养方面实施"1+1"联合办学模式的合作协议,拉开了双方共同办学、科学研究、青年教师培训、科技成果转化等多方面的合作序幕。根据协议,双方在以上领域展开合作,携手在本科生、研究生培养方面实施"1+1"联合办学模式,即电子科技大学的本科生可以在本校完成前两年的学业后,申请到安那大学读最后两年,也可以申请大学四年都在安那大学学习,学业合格后获得学士学位;研究生可以在本校完成一年级的学业后,到安那大学继续深造。同年 12 月电子科技大学软件学院专门成立中印教育中心,与印度韦洛尔科技大学(VIT)、安那大学、班加洛尔大学等高校开展深入合作,开拓国际渠道,努力搭建学生赴印实训平台,创造更多实践机会,提高学生的实践能力和就业竞争力。从 2007 年开始,电子科技大学计算机·软件学院[①]与威洛尔大学签署合作办学协议,在互派实训学生、开展中印研究生硕士学位"1+1""0+2"留学项目等方面开展了一系列深入合作。计算机·软件学院启动本科生赴印度实训计划,每年选派优秀本科生前往印度威洛尔科技大学等高校或企业,进行 2—3 个月的实训。[②]在 VIT 专门制定的实训方案基

---

① 注:电子科技大学计算机·软件学院是计算机科学与工程学院和示范性软件学院的简称,2011 年示.范性学院更名为信息与软件工程学院。

② 计算机·软件学院学生将赴印度实训. 电子科技大学官网 [2007−09−11]. https://news.uestc.edu.cn/?n=UestcNews.Front.Document.ArticlePage&Id=8036.

础上,同学们还可以进行专业学习、实践操作、英语学习、与印度的发达软件行业进行零距离的接触,充分感受软件行业发展现状。此外,同学们还通过召开联欢晚会、结交外国友人、游历等方式,感受印度的灿烂文化和独特风土人情。到 2012 年 7 月由计算机·软件学院大一、大二共 11 名同学组成的第五批暑期印度实训队顺利抵达威洛尔大学(VIT-VelloreInstitution of Technology),展开了为期 45 天的实训学习。其间,同学们与来自世界各地的同学一起参加计算机、软件方面的相关专业培训并进行英语课程的学习。同时 VIT 大学将组织参训同学参观印度 IT 企业以及具有印度特色的风景名胜,以更好地帮助同学们了解印度软件行业的发展情况以及印度独特的风土人情和灿烂文化。另外,2009 年印度威洛尔科技大学(VIT)3 名大四学生抵达电子科技大学计算机·软件学院,从 10 月底到 12 月,3 名留学生将进入科研团队进行为期 3 个月的实训。这是该学院实施招收海外留学生计划以来的第五批实训学生。

2008 年,上海晋元学校与印度新德里泰戈尔国际学校举行了网络签约仪式,此后两校间一直开展着师生互访、网络视频课、科技竞赛等文化交流活动。2009 年 5 月,印度矿业大学 8 名学生到电子科技大学计算机·软件学院进行为期 2 个月的实训。2009 年 6 月,电子科技大学软件学院国际化软件人才实验班全体同学与来自印度的实习生举办了一场别开生面的交流会。此次交流会全部用英文进行,主题为讨论中印两国软件行业尤其是软件外包的各自特点及其区别,增进中印两国学生之间的了解。在互动环节,中印两国学生互相对各自感兴趣的问题进行了提问及解答。中国学生提出了关于"大学里学到的最有用的东西","印度软件外包有哪些优势","来中国后经历了哪些有趣的事","印度文化和中国文化的差异"等各种各样的问题,而印度学生关心的问题则集中在实验室开放、盗版问题、中国人眼中的印度等方面。

2011 年 12 月 20 日,应北京师范大学教育学部教育技术学院邀请,印度英迪拉·甘地国立开放大学 Santosh Panda 教授在教育技术学院作了题为"Principles and developments in online learning"的主题报告。Santosh Panda 教授主要介绍了在线学习理论研究的最新发展及印度远程教育发展的经验,最后站在资深远程教育研究者的角度,展望了在线学习的发展前景。

2009 年 10 月,印度威尔科技大学代表团一行 4 人,在中印科技联盟印方主席穆迪先生和中方主席盛之教授陪同下,对西华大学进行了友好访问。双方共同表达了在两校间进行合作科研、教师交流、学生交换、毕业生实训等方面的合作意愿。

2012年,吉林大学访问全印度医学科学研究院(All India Institute of Medical Sciences, AIIMS),它是印度国内排名第一的综合性医疗、科研、教学及医疗卫生政策咨询机构。双方在中国医学专业本科毕业生赴印实习等方面达成了合作意向。同年印度卡齐兰加大学校长访问吉林大学,在生物与农业工程方面进行了交流。2012年6月,印度新德里现代学校的2名老师和9名学生访问辽宁省实验中学,他们身着传统服装,为我们介绍印度的历史文化,抱着吉他弹着钢琴,演绎经典宝莱坞电影主题曲以及流行音乐。2012年8月,来自印度首都新德里的春之山谷学校师生一行20人访问了首都师范大学附属实验学校,两校是"同心结"的结对学校。两校师生举行了形式多样的互动活动,春之山谷学生的表演富有浓郁的印度文化特色,他们还参观了北京多处名胜古迹。此访是印度联合国教科文组织俱乐部和协会联合会与中国合作的定期文化交流项目的一部分。自2005年起,每年均有一批中国师生访印,同时一批印度师生访华。该项目促进了中印两国人民之间对彼此文化、生活方式和教育制度的了解,为增进互信和友谊做出了贡献。

2012年9月,印度加尔各答大学教授、博士生导师米赫尔(Mihir Kr.Chakraborty)教授应邀到西南民族大学作了"孟加拉国文学中的女诗人研究"的学术讲座。米赫尔教授作为印度的知名学者,在代数、数学理论、计算方法以及逻辑学方面卓有建树,同时又酷爱诗歌创作和中印文化研究,并已有诗集出版。讲座中,米赫尔教授从介绍中印关系、印度与孟加拉国的关系入手,揭示了孟加拉语的重要地位。然后以史为纲,列举了印度不同时代的女性诗人及其代表诗作,并简要介绍了其思想内容及艺术手法。讲座充分体现了一个自然科学学者的深厚的人文素养,是一次集科学与艺术为一体的多维度跨文化交流。

昆明医科大学与印度印中促进会于2012年达成了建立合作联系的共识。2014年该校首次邀请了15位印度医师代表来校访问。2015年,印中促进会组织了第二批印度医师团于3月25—26日到昆明医科大学访问交流,此行共8人,主要来自印度加尔各答等中北部地区,都是首次到中国访问。访问期间,医师代表与学校相关部门负责人进行了会谈,了解该校的基本情况以及人才培养模式,并参观了第二附属医院和第三附属医院,与对口领域的医生代表进行了交流。

2013 年,应印度外交部和文化关系委员会 (ICCR) 教育机构的邀请,四川大学副校长晏世经教授一行 4 人访问印度。代表团在印期间,先后访问了印度著名高校尼赫鲁大学、孟买大学、印度社会科学院西部分院以及塔塔社科研究院。在尼赫鲁大学访问时与东亚研究中心师生交流座谈,双方表示愿意在东亚和南亚研究领域开展合作科研,共同举办双边学术会议和促进学生交流,并加强硕士和博士的人才培养。尼赫鲁大学表示愿意派遣学生参加四川大学 2014 年国际交流营活动,经双方讨论将于近期签署合作协议。在孟买大学和印度社会科学院西部分院期间,与该院专家学者开展了座谈,双方各自介绍了感兴趣的领域。代表团向印方介绍了四川大学人文社科发展状况,并就国际关系研究、环境问题、城乡一体化等进行了交流。孟买大学愿意派遣教师来四川大学南亚研究所开展合作科研和教学。代表团还访问了塔塔社科研究院,双方就灾害管理规划和灾后重建等新兴交叉学科领域,进行了较为深入的讨论。塔塔社科研究院早在 2006 年就成立了多学科交叉科研平台,开始了灾害管理规划。目前这一规划已经覆盖到印度所有邦、县、村级单位。双方愿意通过各自途径寻找支持、建立共同研究种子基金,展开合作研究。此外,代表团还访问了夏尔达大学,双方重点讨论了夏尔达大学派遣本科生到四川大学开展汉语言文化、土木工程、电子工程 "2+2" 本科双学位项目学习。同时,夏尔达大学愿意与四川大学合作建立汉语言文化中心,以加强印度德里地区汉语语言和文化的教学。

2013 年,印度亚米提教育集团(Amity Education Group, India)访问北京理工大学,双方在现有学生交流项目的基础上,开展博士生联合培养、教师交流等合作。亚米提大学希望与北京理工大学拓展在计算机、软件和机电工程等科研领域的合作。2013 年 8 月,锦州医科大学为进一步推进教育国际化的深入发展,应印度阿波罗医学院 Dilip Mathal 院长和 Medico Abroad 留学公司的邀请,学校副校长丁维光率队赴印度访问和招生。此次访问该校进一步发展与印度高等教育机构合作关系的重要举措。在印度期间,丁维光副校长率队访问了阿波罗医学院,院长 Dilip Mathal 教授详细介绍了印度医学教育及医院的现状,并阐述了对医学生教育及医生培养的个人看法。访问团认真询问了印度高等医学院校对教师学历要求和在岗培训、职称晋升以及生师比配备等情况,参观考察了该医学院的实验室,并对今后深入合作提出了建议。印方对该校培养出合格的印度医学留学生表示感谢,并表达了进一步在其他领域开展合作的意愿。 同时,丁维光副校长一行人参加了 Medico Abroad 留学公司在海德拉巴举办的辽宁医学院 2013 年招生说明。350 余名印度新生和家长踊跃报名参加,已获得行医执照的该校印度毕业生也参加了此次活动。丁维光副校长发表了热情洋溢的讲话,并亲自为现场录取的 80 名新生颁发了录取通知书,国际教育学院梁忠宝院长介绍了学校的概况并对学校的教学质量做了重点讲解。访问团和留学公司共同对新生进行了入学培训。此次访问进一步提高了该校的国际知名度,巩固并扩大了印度的招生市场,也为今后与印度高等教育机构和医院间的进一步合作交流奠定了良好的基础。

2013 年 10 月,印度夏尔达大学副校长 Ashok、中印教育联盟主席盛之教授以及武汉大学国际软件学院曾一昕书记来武汉航海职业技术学院就合作事宜进行了深入的商谈,并达成合作意向,签订了合作协议。Ashok 校长对印度夏尔达大学基本情况、印度人才培养模式做了详细的介绍,希望两国院校能够相互交流、取长补短、建立良好的合作办学环境。双方一致认为,中印两国作为邻邦,在文化、教育等方面有很多相似之处,两校要以培养人才为目的,加快国际化教育步伐,积极推动学生和教师的交流。双方还就合作事宜进行了磋商,并在坦诚的气氛中达成一致意见,决定在信息工程、计算机、旅游、航海技术等多学科领域开展合作,尤其要把印度先进的软件业的办学理念带入航院,通过优秀师资的学习交流以及核心课程的合作把信息工程学院发展壮大;并且通过两校合作关系的建立,印度也为武汉航海职业技术学院的学生打开了出国留学的通道,凡是武汉航海职业技术学院毕业的学生,都可以申请去印度夏尔达大学继续攻读学士、硕士学位,为学生继续深造、开拓视野提供了很好的机会。夏尔达大学是中国驻印度大使馆教育处大力推荐的一所优质大学,其学历中国教育部认可、世界公认。大学沿袭英联邦教育体制,全英语授课,为将来的就业提供了语言优势。并且从武汉航海职业技术学院毕业留印深造的学生还有无须去考雅思、托福的优势。夏尔达大学的具体学制如下:高中毕业生可以直接从武汉航海职业技术学院报名申请攻读夏尔达大学本科学位,四年的学习时间,其中两年半的国内教育,一年半的留印教育;专升本只需一年半时间,取得航院毕业证的学生,在国内继续接受半年的教育后,便可出国留学攻读学士学位;取得夏尔达大学硕士学位需要两年半的时间,最初半年在国内学习,随后的两年在印度学习。出国留学的费用也在普通工薪家庭的承受范围之内,学费为2000—3500美元/年,一般的中国工薪家庭都可承受;同时无需经济担保。

2014年12月,印度韦洛尔理工大学国际处副处长Subaji Mohan教授、印度驻中国总商会副会长Sathya Moorthy一行来到广东工业大学国际教育学院进行访问交流,为全体2014级动画(中外合作办学)专业的同学们介绍了印度韦洛尔理工大学的校园概况、师资力量、办学条件、国际殊荣等,并进行了互动交流。最终双方签订了合作协议。广东工业大学与印度韦洛尔理工大学本科合作办学项目的专业是戏剧与影视学类,核心课程全英语教学,教学计划由两所大学共同制定,并由双方高水平教师进行授课。其中87%的专业核心课程由韦洛尔理工大学派遣优秀教师采用英文版教材进行全英语授课和考核。学制四年,学费为每学年2.8万元。学生在广东工业大学学习专业课阶段,可以申请赴印度韦洛尔理工大学参加一个学期的交换学习(具体时间由学校统一安排)。学生在允许的修业期限内获得规定的学分,经广东工业大学审核,达到毕业与学位授予要求的,颁发广东工业大学毕业证书与学士学位证书;经印度韦洛尔理工大学审核,达到毕业与学位授予要求的(目前印方要求有赴韦洛尔理工大学一个学期交换学习的经历),颁发韦洛尔理工大学学士学位证书。

2015年5月,云南大学国际合作与交流处组织举办了第四期印度国际大学研修班。印度国际大学1名教师、19名学生参与本期研修班。印度国际大学的学生在提交的研修总结上说,这次来中国研修,使得他们真切地体验了中国文化,了解了中国国情,每一天在中国的学习和生活都非常充实,同时在云南大学志愿者的热情帮助下,他们顺利完成了各项学习和交流活动。印度国际大学的师生们认为,本期研修班的各项活动注重交流性质,学生们不仅听取了云南大学知名教授的讲座,同时与云南大学的学生和教师朝夕相处,加深了对中国青年的了解,播撒了友谊的种子。互派学生举办研修是云南大学与印度国际大学合作的重要项目之一,自2011年两校建立合作以来,双方实施了7期学生交流互访项目,中印两国青年180余人次参与了交流与互访。

2015 年 6 月,海南省教育厅组织访问团,赴巴基斯坦、印度开展教育合作和学校招生推介活动。到印度后,访问团拜访了国家信息技术学院(NIIT),就师生在信息技术、物联网技术等方面进行培训交换了意见。

2015 年 11 月,印度中国研究所副教授 Debasish Chaudhuri(周士理)博士应西南民族大学国际合作交流处、科研处、旅游与历史文化学院的邀请,在国家外专局引智项目的资助下,专程来该校旅游与历史文化学院做学术讲座和为研究生进行授课工作。Debasish Chaudhuri 副教授做了题为"21世纪中印关系发展前景研究"与"中国和印度在'一带一路'建设中的地位与作用"的学术讲座。

从 2016 年开始,清华大学设立本科生海外学习系列项目"清华全球南方文化浸润系列",旨在加强清华学生对全球发展中国家国情与文化的深入了解,拓宽学生的国际化视野,使学生在多元文化的碰撞交流中,塑造更加兼容并包、完整全面的世界观。2016 年 1 月 16 日,一支由 20 名大二、大三学生组成的学员团前往印度,正式拉开了"文化浸润项目"的序幕。在印度的 19 天中,学员们以金达尔大学为主要交流地点,囊括了高端对话、课程学习、实地参访和日常交流几个部分。学员们从历史、政治、经济、文化、中印关系等方面了解了这个近邻的"巨人",来自金达尔大学的教授学者、NGO 组织的负责人、宝莱坞的制片人等各界人士为同学们进行演讲,并开展交流。

2016 年 3 月,印度智库 USI 辛格所长一行访问四川大学,辛格先生畅谈了对中国经济社会发展的印象,对强化印度智库,特别是 USI 与四川大学进一步进行合作交流提出建议与意见。

2016 年 6 月,印度加尔各答圣劳伦斯高中团组一行 11 人:1 名校长、2名教师、8 名学生访问北京市丰台区职业教育中心校。活动仪式上,中印双方校长签订了友好合作协议,确立了合作共赢、共同发展的友好合作关系。随后,中印双方学生开展了联谊表演,职教中心校不同专业的学生带来了活泼的新疆民族舞、悠扬的琵琶弹奏、热辣的啦啦操以及高超的街舞表演,印度同学表演了神秘动感的民族舞以及用流利的中文演唱的多首中文歌曲,双方在愉悦的氛围中交换了礼物。之后,印度师生观摩了中餐专业课,品尝了西餐专业学生自己制作的糕点和菜品,印度师生对该校的中餐课饶有兴趣,对中餐技艺赞不绝口。此次交流活动,推进了中印两校的教育交流与合作,为发挥两校办学优势、促进双方学校发展、培养优秀人才进行了良好的铺垫。同一时期,印度青年代表团在成都到访西南民族大学,通过校方的讲座,深入了解了"孟中印缅经济走廊"。

2016年10月,印度索迈亚大学佛教学者代表团一行到中国佛学院普陀山学院参观访问,并召开交流座谈会。座谈会上,双方就各自的大学设施、师资状况、办学特色、科研方向等做了简单的介绍,并就办学经验、科研学术等方面做了深度交流,特别是在谈到双方共同关心的佛教专业领域的问题,比如耆那教研究,巴利语、梵文研究等问题时,双方兴致勃勃,相互交换了心得和想法。代表团与中国佛学院达成了今后双方将互相交换学术出版物的合作意向,同时也将研究和探讨其他的教育教学、学术科研领域等的合作。

2016年11月,来自印度新德里泰戈尔国际学校由9名学生和1名教师组成的师生代表团抵达上海,对上海晋元学校进行为期一周的交流访问。10名印度师生参观了晋元校园和校史陈列室,听取了关于上海历史文化的讲座,分别体验了木兰扇、书法、珠算简介、中国歌曲等中华传统文化课程,并外出领略了上海外滩、浦江游船和苏州等地的风光,印度师生对中国传统文化的博大精深赞不绝口。双休日期间,印度孩子更是深入上海本土文化,分别走进晋元接待学生家庭,感受上海人民的热情,了解中印文化差异。此外,孩子们也和晋元学子共进课堂,参与了视频课程印度岩画和太极拳,也体验了结构设计活动等所带来的头脑风暴。其间,印度师生还与该校高一年级学生举办了联欢活动。2016年已经是晋元学校与印度泰戈尔国际学校友好交流的第十年。早在2007年8月,在上海市对外友协的介绍下,泰戈尔国际学校师生访问了该校,同年11月,两校签订了"友好交流谅解备忘录",2008年11月,两校举行了隆重的网络签约仪式,时任中国驻印度大使张炎出席并讲话。此后,两校间一直开展着师生互访、网络视频课、科技竞赛等文化交流活动。通过此次交流访问活动,中印两国学生们纷纷感受到了对方的热情,了解到了中印之间存在的文化差异,增长了见识,增进了友情,为两校未来更进一步的文化交流搭建起了友好的桥梁。2018年12月,上海晋元学校的师生访问印度新德里泰戈尔国际学校,开展教育和文化交流。访问团先后走进泰戈尔国际学校的数学、瑜伽、有氧操和音乐等课堂,与印度师生热烈互动。泰戈尔国际学校非常注重对本民族传统文化的传承和弘扬,致力于引导学生自主思考、实践和探究,令晋元师生考察团感触颇深,也启发我们对今后的教学和学习作出新的思考。

2017年,大连海事大学参加在印度孟买举行的"Global MET2017"会议,同时对印度的航海教育和培训的现状进行了调研。2017年2月,云南大学师生赴印度国际大学交流访学,师生们听取了中国学院举办的关于印度史诗"摩柯婆罗多""罗摩衍那"和"泰戈尔与和平乡"等系列讲座,参观了国际大学的美术学院、音乐学院、科学学院和图书馆,拜访了泰戈尔博物馆和故居。印度国际大学是印度著名诗人泰戈尔于1921年创立的,徐志摩先生还曾受泰戈尔的邀请在国际大学美术学院教授过两年的课程。中国学院则是由泰戈尔与中国学者谭云山先生于1937年共同创办的,始终致力于为印度培养知华友华的汉语人才。自2011年以来,根据云南大学与国际大学签订的合作协议,双方每年开展汉语教学和师资交流等各层次多方位的合作,并互派学生开展短期交流访学,该项目已成为两校交流合作的传统。在国际大学访学期间,中国学院院长阿维杰特(Avijit)教授受校方委托与云南大学访学团对今后加强和拓展两校合作的内容进行了宽泛深入的交流,在云南大学选派相关专业优秀研究生到中国学院开展域外实习、双方共同培养汉语专业研究生、在对方相关院系互设专业课程、在国际大学引入云南大学附属中小学教育的合作等方面取得了很多共识,为云南大学今后进一步加强同印度高校的合作拓宽了思路。本次交流访学活动规模在云南大学与国际大学交流互访中是最大的一次,时逢国际大学正在举办印度汉语教学研讨会,云南大学访学团的到访引起了印度参会各方的关注。印度贾肯德(Jharkhand)中央大学中文系负责人罗奉英副教授专程到访学团驻地进行了交流,希望云南大学与贾肯德中央大学开展与国际大学类似的合作;尼赫鲁大学的一名中文博士研究生对云南大学与国际大学开展合作可以为学生提供良好的汉语学习环境表达了羡慕之情,表示要向学校中文系建议与云南大学开展合作。东印度地区发行量最大的英文日报《电讯报》(The Telegraph)的首席记者思尼哈末依(Snehamoy)采访了云南大学本次访学活动并在《电讯报》及网站上进行了宣传。

2017年2月,印度苏里尼大学校长Prof. Atul Khosla一行访问海南热带海洋学院,Atul Khosla校长表示,苏里尼大学虽然只有10年的历史,但已成为最受欢迎的私立高校之一。目前学校会集了50余位各领域专家,生物科学、旅游、IT技术、工程技术、食品制作、医药等专业都是苏里尼大学的强项。双方就学生互换、教师互访、共同组织科研合作、共同举办学术会议等方面达成了共识。

2017年3月,印度奥里萨邦中学校长代表团访问上海市闵行区蔷薇小学,蔷薇小学沈珺校长带领代表团先后参观了该校颇具中国传统文化特色的图书馆、神农园、蔷薇食之堂、创新实验室等,充满中国传统文化元素的数字化校园给代表团留下了深刻的印象。代表团还实地体验了一年级的课堂教学活动。

2017年5月,印度科技学院访问中国地质大学(北京),双方在两校研究生领域联合培养、本科生野外实习项目以及教职工交流等方面达成了合作共识。2017年10月,湖北省教育厅代表团访问印度尼赫鲁大学和金德尔大学,就学术交流和学生互换,推荐优秀学生和教师到湖北高校学习汉语等达成了初步意向。访问期间,代表团参加了三峡大学印度中文学校成立仪式。截至2017年底,湖北省共有印度留学生1312人,在全省留学生人数国别排名中位列第二。黄淮学院与印度迈索尔大学在软件工程、计算机应用技术等专业合作办学,2018年有19名学生被授予了理学硕士学位。

2017年7月,浙江理工大学教师、生态学与植物学科组祁哲晨博士受印度普纳大学植物学系与Agharkar研究院的邀请,趁暑期赴两个单位进行了访问交流,在普纳大学访问期间,双方相互表达了建立教学科研合作关系的意愿。访问期间,祁哲晨博士在系主任Milind Sardesai教授的陪同下参观了普纳大学植物学系、标本馆和植物园,与植物学系师生进行了交流。普纳大学是印度的精英学府之一,综合排名印度第二位,培养了大批人才,对印度全国的教育和科研实力发展有着深刻的影响。在Agharkar研究院访问期间,祁哲晨代表学院向研究中心主任Kishore Paknikar递交了双方的合作备忘录,并获得了研究中心委员会的讨论通过。

2018年4月,印度的两名"洋学生"Johny Cyriac教授和Smruti Ranjan Mishra教授来到四川大学华西医院进修学习内镜诊疗技术。他们也是印度首次前来华西医院内镜中心学习的专家。印度是全球第一大"医生出口国"。目前,在美国行医的印度裔医生有4.7万人,在美国从业医生人数中超过了5%的比例;英国约有2.5万人,达到了10.9%的高比例。在加拿大和澳大利亚行医的印度裔医生也超过1万人。Johny Cyriac教授来自利斯医院(Lisie Hospital);Smruti Ranjan Mishra教授来自梅占塔医院(Medanta

Hospital），位于印度首都新德里，是全印度最大最好的医院，该医院有着印度医疗保健的最高标准，位于全球医疗旅游目的地医院前三名，就是这样两位专家教授来到了内镜中心当起了进修医生。

2018年5月，印度科学教育与研究学院校长Sourav Pal教授到湖北大学访问。双方希望以此次访问为契机，与印度科学教育与研究学院建立联系，在师生交流、科学研究等方面开展合作。双方签署《学术合作框架协议书》和《学生双向交流协议书》，并就学生交流、联合培养、合作科研等事宜进行了洽谈。

2018年6月，印度夏尔达大学副校长莎士亚穆迪一行来到武汉光谷职业学院考察交流，莎士亚穆迪副校长详细介绍了位于印度首都新德里的夏尔达大学，优越的地理位置、众多的合作国际企业、完善的基础设施、众多的专业和需求巨大的国内市场，是夏尔达大学的优势。印度的IT产业发展走在世界前沿，但是目前面临着人才外流和国内产业需求扩张的矛盾，人才缺口较大。武汉光谷职业学院设置的专业对国家经济发展的推动作用很大，与夏尔达大学很相似。中国职业教育注重实践，印度职业教育关注理论，相互结合，对双方都有很大的促进作用。中印商务理事会中方主席、夏尔达大学客座教授盛之先生介绍了目前中印高校交流在高职教育方面的情况，并介绍了武汉大学国际软件学院、黄淮学院等成功的项目模式。夏尔达大学可以与武汉光谷职业学院的多个热门专业进行合作，实现专业、市场、人才的互补。

2018年6月28日，由云南民族大学与印度尼赫鲁大学联合成立的"中印人文交流中心"在云南昆明揭牌。尼赫鲁大学成立于1969年，是为纪念印度历史上第一任总理加瓦哈拉尔·尼赫鲁而建立的文理综合性大学，系印度最好的大学之一。该校以培养研究生和进行科学研究为主，自2009年起面向中国招收留学生。

2018年7月，印度迈索尔大学为黄淮学院2018届在印学习并顺利毕业的留学生举行毕业典礼，共计19名学生被授予理学硕士学位。黄淮学院自2006年起开展与印度迈索尔大学的合作办学，在师资队伍建设、课程设置、学生高品质就业等方面成绩斐然。

同月，中国—瑞士—印度（CIS）国际交流访学项目在北京理工大学正式开幕，该项目由瑞士沃州工商和工程应用技术大学（Heig-Vd）、印度卡纳塔克邦国家技术研究所(National Institute of Technology Karnataka)以及北京理工大学联合举办。2014年至今,中国、瑞士、印度三国轮流作为主宾国家接待其他两国师生,每届暑期项目由8名印度学生、8名瑞士学生和8名中国学生以及三方学校教授共同参加。

2018年8月,浙江理工大学生态学与植物学科组祁哲晨博士受印度普纳大学植物学系与Agharkar研究院的邀请,赴两个单位进行了访问交流。普纳大学是印度的精英学府之一,综合排名印度第二位,培养了大批人才,对印度全国的教育和科研实力的发展有着深刻的影响。

2018年10月20—27日,为推进金砖国家及"一带一路"科技创新合作,由华东师范大学地理科学学院院长刘敏教授牵头的、中、俄、印三方合作的国家重点研发计划政府间合作项目《金砖国家城市公共安全的地理大数据应用研究》项目组成员,赴印度理工大学卢克里分校开展项目成果交流,并应邀访问德里大学。此次交流是中(华东师范大学)、俄(圣彼得堡彼得大帝理工大学)、印(印度理工大学卢克里分校)三方继2017年11月项目启动会(中国)、2018年5月项目推进会(俄罗斯)之后,举办的第三次三方研讨会。通过汇报前期工作成果,讨论项目实施中遇到的问题,部署未来的工作,为项目顺利实施提供了技术及组织保障。10月22日上午,中、俄、印三方就未来合作研究计划、研究人员互访、学生交流、短期培训等方面开展了热烈的讨论,明确提出下一步工作中将合作研发激光数据与遥感图像处理、存储、可视化及信息提取算法和软件,实现高精度室内外定位,形成基于地理大数据的城市公共安全信息集成平台及应用示范,组织国际交流项目,开展国际短期培训项目共享技术特长等,为提升金砖国家乃至"一带一路"沿线国家应对城市公共安全的软实力提供技术支撑。10月24日,中俄印三方签署了联合协议,明确在华东师范大学地理信息科学教育部重点实验室下建立中俄印"国际智慧城市实验室",在城市信息建模技术框架下开展合作研究,并共同约定于2018年12月到华东师范大学参观联合实验室建设情况。

2018年12月,印度拉夫里科技大学代表团访问四川大学,印方校长拉梅什·坎沃尔在会见中对四川大学近年来取得的成绩表示祝贺。他说,面对世界高等教育发展的机遇和挑战,大学应不断提升国际化办学水平、培养国际型人才,希望未来与四川大学开展深入密切的科研合作和师生交流,优势互补、共同发展,为促进两国教育和文化交流做出新的贡献。

2019年3月,海南大学国际顾问委员会第一次会议暨海南大学"一带一路"研究院揭牌仪式正式启动,委员会共邀请11位专业学者担任委员。4月1日,委员会委员之一、印度尼赫鲁大学中国与东南亚研究中心主任狄伯杰教授应邀举行主题为"'中国看不起印度,印度不把中国当回事'综合症问题,以实用建构主义为例对政策进行重新校准"("China looks down on India, and India doesn't think big of China, Syndrome: A case for policy recalibration through pragmatic constructivism")的专题讲座。狄伯杰教授深入浅出地讲解了"一带一路"倡议与地缘政治的相互影响。他认为,中印两国在"一带一路"的问题上,应配合全球化浪潮,建立一种磋商机制、对话机制,并把其作为一个起点,保持双边关系的良性互动。在此前提下,印度需要承认中国的崛起与大国地位,而中国也应尊重印度的国际地位与地缘影响力。中印两国人民也应加强联系,互联互通,扩大旅游、贸易、媒体、电影与出版业等领域的交流互动,"自下而上"地促进两国国民间的民心相通。狄伯杰教授强调:中印两国建交69周年,两国之间的关系是21世纪世界关系的基石,是世界经济的引擎。而且两国同属"金砖国家",两国如何发展对于全球的经济秩序、政治秩序都有着重大影响,如果说两国的经济体系能够进行融合、匹配,对于世界的经济发展来说将具有重大意义。

2019年4月,中国医科大学党委书记朱京海一行受邀赴印度坎纳诺尔DM瓦亚纳德医学科学研究所医学院(Dr. Moopen's Wayanad Institute of Medical Scienes - DM, WIMS)进行访问,并参加了其首届临床医学毕业生毕业典礼。同年5月印度驻北京使馆文化教育处第二秘书Goutam Bhattacharya先生及助理领事官员Balakrishnan Mullappilly先生来中国医科大学国际教育学院进行参观访问并与学生会谈。该院院长潘伯臣会见了二位代表,介绍了学校概况及留学生总体教育情况,并陪同其参观了校园、中英联合学院及留学生宿舍。Goutam Bhattacharya先生希望今后该校能与印度使馆就印度学生的日常表现及突发事件加强联系,并在招生及管理方面展开合作。其间,两位来宾在教室会见了部分印度学生,鼓励他们努力学习,毕业后回国为印度的医疗卫生事业做贡献,同时,Balakrishnan Mullappilly先生对即将参加印度医师资格考试的学生材料进行了现场认证,为学生提供了便利。

2019年5月,印度科学教育与研究学院校长Sourav Pal教授到湖北大学访问,副校长蒋涛对 Sourav Pal 校长的来访表示欢迎,并介绍了湖北大学的基本情况。他希望以此次访问为契机,与印度科学教育与研究学院建立联系,在师生交流、科学研究等方面开展合作。双方签署《学术合作框架协议书》和《学生双向交流协议书》,并就学生交流、联合培养、合作科研等事宜进行洽谈。

2019 年 6 月,印度国际大学常务副校长查克拉巴蒂一行到访云南大学。印度国际大学已对中国历史和文化开展了较为深层次的研究,希望两校今后加深在文化、语言、管理等方面的交流合作,并以联合举办各类国际研讨会的形式,把两校的合作推向深入。云南大学和印度国际大学有着多年的合作历史,有着众多的合作项目,师生互访频繁,为中印两国文化交流作出了积极贡献。

2019 年 6 月 12 日,印度尼赫鲁大学国际关系学院斯瓦兰·辛格教授应西南民族大学旅游与历史文化学院、国家民委"'一带一路'国别与区域研究"基地——"'孟中印缅经济走廊'研究中心"的邀请,在该校作了题为"'一带一路'背景下中印合作的未来"的讲座。辛格教授从中印关系当前发展趋势、发展背景等内容论述开始,分"当前的趋势、美国贸易战、当前的挑战、印度与'一带一路'、中国为印度营造空间、结论"等几个板块展开,从宏观、微观结合的角度解析当前中印两国关系发展概况,并对中印两国在"一带一路"框架下如何发展友好关系提出了建议。2019 年 6 月 17 日,印度锡金大学副校长兼尼赫鲁大学教授 Mahendra Lama、尼泊尔国会议员兼特里布文大学人类学系主任 Gurung 教授、喜玛拉雅研究高级讲师帕拉居里一行 3 人到西南民族大学西南民族研究院商谈合作事宜,双方就南亚社会文化研究等进行了交流,并就未来合作达成初步意向。

2019 年 7 月,印度教育科学院副院长 Panigrahi 教授一行 2 人赴湖北大学开展学术交流研讨,了解了智慧学习科研团队的基础条件、人员构成、研究内容、目标任务以及取得的阶段性成果等情况,并围绕团队如何开展实证研究进行交流。在了解到团队已经与十余所对口学校建立初步合作,并搜集到了大量一线教育数据后,Panigrahi 教授对团队前期的工作和付出表示肯定,对智能技术助推中小学教学变革研究的发展前景表示乐观。Panigrahi 教授向团队成员作了"传统数据挖掘理论如何同新兴人工智能技术结合助推现有行业数据应用方式升级"的报告。他讲述了其团队如何通过从最早的小波分析技术,到传统支持向量机的机器学习技术,再到深度学习的人工神经网络技术,来提取大规模图像数据特征,为医疗、金融等领域的大数据分析及应用提供良好实施便利的情况,并与师生互动交流。Panigrahi 教授还与教育学院负责人就学生培养、科研合作等展开深入讨论。他表示将积极协调相关资源,为湖北大学师生的科研工作提供帮助,并大力支持与推动湖北大学师生和印度教育科学院师生的双向互访。2019 年 7 月,以印度青年事务和体育部辅秘基兰·索妮·古普塔女士为团长的印度青年代表团第一批成员到甘肃中医药大学进行了友好交流。

2019 年,中国医科大学访问全印度医学科学研究所(All India Institute of Medical Sciences, AIIMS), AIIMS 创建于 1956 年,是由印度政府建立的重要医疗机构,是致力于培养医疗保健卓越人才的核心机构,共有 2478 张床位。AIIMS 不断对所有分支机构的本科和研究生医学教育模式进行改善。通过在 AIIMS 的调研,我国对印度的医疗组织结构和医学教育与考试体系有了更深入的了解,对进一步提升留学生教育的针对性,即适应生源国医师执业考试制度要求,帮助学生第一时间获得医师执业资格具有重要的参考价值;对我国进一步凝练国际化办学特色,提高国际医学教育质量,进而形成独树一帜的国际化办学风格起到重要的指导作用。

(六)校企合作

塔塔集团是印度最大的工业集团公司,也是世界 500 强企业。总部设在印度的塔塔咨询服务有限公司是全球最大的信息技术解决方案提供商和外包服务企业之一,也是亚洲第一大软件公司,世界 500 强企业中 90% 都是其客户。塔塔信息技术(中国)股份有限公司是塔塔咨询服务有限公司(TCS)在中国成立的合资公司,专业从事 IT 服务、商业解决方案和外包服务,通过其独特的"全球网络交付模式",为客户提供一系列以咨询为导向的服务。目前,塔塔信息技术公司在中国各地已设立 7 个分支机构。2006 年5 月,印度最大的 IT 企业 TATA(塔塔集团)—CMC 公司常务副总裁 Saibal Ghosh 先生、教育总监 Rajiv Mathur 先生一行到电子科技大学成都学院参观访问并洽谈合作办学事宜。双方主要就合作专业、合作模式、合作内容进行了探讨。双方认为,基于印度 TATA 集团在软件行业的影响和电子科技大学成都学院的优质教学资源,通过双方教育合作可以将印度 IT 企业在软件领域的成功经验传授给学生。双方同意,先期可以先在一个专业进行合作,然后再过渡到更大层面上的合作。2012 年,塔塔信息技术(中国)股份有限公司与黑龙江外国语学院、哈尔滨师范大学、黑龙江东方学院、哈尔滨理工大学远东学院 4 所高校分别签订了服务外包人才培训合作备忘录。校企之间在专业建设、课程建设、人才培养、实习就业等方面将紧密合作,为塔塔集团培养英、日、俄、韩等外语人才和进行商务、计算机软件等人力资源储备奠定良好基础。

印度 NIIT 有限公司成立于 1981 年,1997 年其作为首家印度 IT 企业进入我国,专门从事 IT 人才培养的政府间合作项目。NIIT 嵌入式高校合作项目于 2013 年在山东省和青岛市政府的支持下,率先在青岛大学实施,至 2018 年 6 届共计招生 2914 人。目前,实施 NIIT 嵌入式合作项目的国内高校还有宁夏大学、贵州师范大学、海南大学、宁夏师范学院等高校。2016 年,宁夏代表团访问印度期间,考察了印度国家信息技术学院,双方就信息产业、人才培养达成合作意向。随后,在双方的共同努力和推动下,达成了两个合作协议,一个是与宁夏大学联合培养优秀的信息技术人才;另一个是与银川经济技术开发区 IBI 育成中心合作建设实训基地,提供定制化培训。由宁夏大学负责学生的招生,双方共同承担学生的培养和管理责任,同时充分利用各自的科技和智力资源,在宁夏大学联合成立"西部 IT 人才研究中心",并通过这个平台积极争取自治区政府的支持。2018 年 5 月,NIIT 中国区院校合作项目总监丁联铭一行人到访海南热带海洋学院探讨合作事宜。丁联铭总监从公司近几年的成就、学校的教学理念以及业务模式三方面介绍了 NIIT 集团的概况。NIIT 希望能采取公私合作伙伴模式、提供师资的院校嵌入式模式、通过云课堂提供师资的嵌入式等方式进行教学,采用双语教学,引进新颖的教材融入教程,使学生所学知识更接近行业要求。通过学习的学生可获得 NIIT 证书,可参与印度留学项目等。他还向大家介绍了 NIIT 在青岛大学、海南大学以及在澄迈的海南生态软件园合作等有关情况。他表示,海南生态软件园发展近 8 年,它对人才的需求量将越来越大,本次合作项目的毕业生可以以软件园作为就业导向。

2018 年 9 月,印度 NIIT 公司副总裁到广西大学访问交流,双方就计算机技术、软件工程、大数据学科等领域开展校企合作共建专业展开了讨论。

2019年6月,印度NIIT公司与西安石油大学签署合作协议,共建计算机相关本科专业。其合作模式为嵌入式教学,即将NIIT的师资和课程体系嵌入中国高校IT教育体系中,派经严格选拔和专业培训的印度籍教师赴中国高校任教。教学过程注重实际操作能力的培养,并使用全英语教学,辅以其先进的IT教学理念,强化实习实训环节。培养的学生动手能力强、外语水平高,本科毕业后无论申请在国外高校攻读硕士学位还是在全球IT行业就业,均有较强竞争力。西安石油大学引进印度NIIT公司本科人才培养计划、教材和师资,2020年秋季有望在大数据、云计算、软件工程等计算机相关专业方向招收联合培养本科生。

2005年12月,印度IIHT有限公司执行总裁科舍瓦·拉朱先生(N.Keshava Raju)、副主席穆尔利·莫汉先生(N.Murali Mohan)一行3人在印度德里洲际大学管理学院院长潘迪特教授的陪同下到海南大学访问。莫汉先生详细介绍了印度IIHT有限公司下属的印度技术学院(GIIHT),该学院专为世界知名品牌公司提供全套的在职员工培训课程,注重培养学生的操作能力,以缩短工厂培训与大学教育之间的距离。该公司在印度有150多所培训中心,合作伙伴有微软、惠普、摩托罗拉、红帽子等大公司,印度最大的企业时代公司也在该学院中参股,该学院在中东、东南亚地区还开设有多家分校。莫汉先生称,印度技术学院的管理培训课程在未来三年中都能保持世界排名前三。莫汉先生希望与海南大学开展合作,联合开设培训,利用该学院的先进课程体系为海南培养更多管理人才。

自2005年起,根据教育部与印度Infosys公司达成的协议,国家留学基金管理委员会每年从我国有关高等院校选派100名优秀学生到印度Infosys公司进行为期一学年(7个月)的实习。前3个月是培训期,来自公司教育和研发部门的老师给学生授课。相比之下,培训期间的生活充实而规律,上午上课,下午上机完成老师当堂布置的作业,现学现用。学习的内容都是包括基础知识和专业知识两方面,短的课程两三天,长的课程也不过一个星期。每门课程结束以后都会进行小考,所有课程完成后还有一次大规模的测验,考试内容均包括笔试和上机两部分,考试不及格则会被要求进行重考。这些严格的员工考核制度,客观上给学员施加了一定压力,让同学们的专业知识在此期间得到了加强。后4个月是上岗实习期,学生先后被派往不同的部门,加入规模不等的项目小组从事项目开发工作。在此过程中,项目经理等资深技术人员作为其导师,负责全程一对一的指导。从事的项目也以研究型为主。这段时间的学习让同学们的动手能力和思维方式有了质的提升。在3个月培训阶段末期,公司举行了综合性大考。

2008年,电子科技大学示范性软件学院与印度枫林企业管理技术有限公司、中印教育科技联盟就开展深层次合作举行会谈,并签署框架合作协议。枫林公司和中印教育联盟在电子科技大学建立该公司在西南地区唯一的高端软件人才培训中心,组织学院选派的学生前往国内、印度接受IT技术和项目方面的培训和实习,并输送学生进入IBM等企业就业。此举是该院深入推进与印度开展人员双向交流互动的又一次探索与尝试。通过开展科技、学生实训、师生互派等方面的深层次合作,推进学院国际化的发展步伐,进一步提高人才培养质量。双方就高端软件人才实训项目、教师互派、印度学生来华留学等问题进行了深入的洽谈。同年12月,印度MK Technology公司中方负责人藤本一多先生和藤本和美小姐造访电子科技大学计算机学院·软件学院,商讨和学院联合培养从事对日软件外包开发的IT人才等相关事宜。他希望与学院合作培养进行对日软件外包开发的IT人才。主要方式为学生在校期间进行为期一年的日语培训,通过日语二级考试者将被该公司录用为中国分公司或者日本分公司的员工。募集对象定为该院2007级本科生,从2009年9月开始,日语培训费用由公司负担,2010年7月上旬进行日语二级考试。MK Technology公司总部位于印度的金奈,现有员工1000人左右,是Autodesk公认的软件开发商。该公司主要从事CAD/CAM软件平台,数据库开发及外包和IT人才培训。

2009年3月印度第三大软件公司Wipro公司全球配送总裁Mr. Deb一行3人考察访问电子科技大学计算机软件学院。了解了计算机软件学院人才培养和学生就业情况。他希望能有更多优秀的成电学子加盟,为公司的战略发展储备人才。Wipro是印度领先的完整服务解决方案供应商,是印度领先的有价值的信息科技外包和业务流程外包企业。

2017年11月,南方医科大学与印度萨拉斯瓦特在线有限公司(Saraswati Online)在加尔各答举行中印友好教育交流活动。南方医科大学加尔各答校友会成员分享了在华留学经验体会。中国驻加尔各答总领事马占武出席活动。马占武高度评价了南方医科大学和萨拉斯瓦特在线有限公司在中印教育交流方面所做的工作。他说,南方医科大学是中国重点医科大学,享有很高声誉,自 2005 年以来共培养了 1000 多名印度留学生,而且这些学生成绩优良,回印后高达 80% 以上都顺利通过考试当上医生,为印度医疗卫生事业做出了贡献。萨拉斯瓦特在线有限公司十多年来累计向中国院校推荐了数千名印度留学生,为促进中印交流做了实实在在的事情。以上工作及成效充分说明,中印友好交流和互利合作潜力巨大。他感谢有关各方为发展中印交流合作所做工作,表示总领馆将与印度各界共同努力,不断扩大中印交流合作,也希望与从中国学成归来的留学生建立联系,讲好中印友好的故事,让更多印度朋友了解中国。

北京交通大学充分发挥轨道交通领域学科优势与特色,聚焦"一带一路"沿线国家对高速铁路专业人才的需求,"订单式"培养铁路建设、运营及管理人才,与印度建立合作项目,进行普速客货混行铁路、重载铁路、高速铁路的规划建设、运营管理培训。

同时,沙龙活动也是中印教育交流的一种综合性交流形式,2019 年 6 月 23 日,在重庆市聋人协会大力支持下,由重庆予尔梦科技有限公司主办以"一起走进神秘的无声印度"为主题的第四期无声沙龙活动如期举行。该活动邀请了南京特殊教育师范学院聋人教师武伟星。活动由予尔梦网络科技 CEO 田野先生主持。重庆市聋人协会副主席、涪陵区聋人协会主席汪平老师提出,印度的教育制度虽然有很大的提升空间,但是他们国家多元化的社会文化背景使他们适应新文化更有优势。印度聋人坚韧的品质和崇高的理想值得我们学习和借鉴。

（七）中印文化艺术交流

近年来,来华经商、学习的印度人数量大幅增加。中国政府也向印度提供了许多来华学习机会。根据中印两国政府签署的文化教育交流协议,国家留学基金委向印度每年提供 100 个奖学金名额;国家汉办除提供孔子学院奖学金外,同时还向印度学生提供"南亚师资班"项目,为更多印度学生来华学习提供便利。国家汉办每年举办的"汉语桥"比赛深受印度学生的喜爱。

2011 年 9 月 22 日,国务院总理温家宝在人民大会堂出席主题为"古老文明,青春辉映"的中印青年传统文化交流大舞台活动。中印青年交流从传统文化入手很有意义。中华文明和印度文明在数千年历史长河中交相辉映,彼此促进,深刻影响着人类文明的进程。中国的太极拳、书法、茶艺和印度的瑜伽、音乐、舞蹈是两国传统文化的瑰宝,都蕴含自然、和谐、包容之美。温家宝说,中印都处在发展振兴的关键时期。作为世界上人口最多和经济增长最快的两个发展中国家,中印携手发展和密切合作,不仅能改善两国人民的福祉,也是亚洲和世界人民的福音。两国有理想、有抱负的青年要深刻认识中印关系的战略意义,坚定和平、合作、共赢的信念,从丰厚的历史传统文化中汲取智慧和勇气,不断探索创新,奋发图强,把自己的国家建设得更加美好。中印关系的发展前途掌握在青年人的手里。

2012 年 7 月 20—26 日,第三届中国新疆国际少儿艺术节在乌鲁木齐市举行。在中国驻印度使馆协助下,印度代表团由 BalBharti 公立学校 9 名学生、1 名舞蹈老师组成,团长由印度联合国教科文组织俱乐部和协会联合会秘书长巴特那迦担任。印度代表团表演的舞蹈《万众一心》,目的是让更多人意识到资源、环境是人们共同的财富,保护环境是每个人的责任和义务,为此次艺术节增添了南亚风情,增进了中印两国人民之间的相互了解与友谊。

2013 年 1 月,为加深中印两国人民友谊,扩大文化交流,印度婆罗多舞文化交流访问团来浙江秀洲区开展文化交流访问。婆罗多舞 (Bharata Natyam) 是一种源自印度南部的古典舞蹈形式,具有技术纯粹、面部表情丰富、手部造型多样的特点。该舞蹈最早源于印度南部的寺院,经过不断地改良并融合其他舞蹈形式的元素,婆罗多舞已经成为印度最盛行的古典舞蹈之一。婆罗多舞表演艺术家贾亚拉喀什米·爱什瓦女士 (Jayalakshmi Eshwar) 和舞蹈团成员展示了《雨》《花的召唤》《庆典》等舞蹈的独特魅力,将印度舞蹈的特点表现得淋漓尽致。访问团还参观了位于秀洲区会展中心的农民画长廊。

2014 年 1 月 13 日,中国中央戏剧学院应邀参加第 16 届印度"婆罗多戏剧节",在印度新德里卡马尼剧场成功演出话剧《安妮日记》。中国驻印度大使魏苇、文化参赞张志宏、中国中央戏剧学院党委书记刘立滨、印度国家戏剧学院院长瓦曼·肯德与 600 多名印度观众观看了精彩演出。

2014 年 2 月 13 日,由中国驻印度大使馆主办、印中经济文化促进会协办的 2014 年"欢乐春节"活动在印度首都新德里隆重举行。中国驻印度大使魏苇、印度旅游部副部长德万、中国对外文化交流协会副会长董俊新、各国驻印使节以及印各界友好人士近2000人应邀出席观看广西杂技团的精彩演出。

2014年12月,由成都市人民政府、印度驻华大使馆主办,成都市人民政府外事办公室、印度驻广州总领事馆和四川师范大学承办的"2014成都高校·印度电影周"开幕式,在四川师范大学爱国主义教育电影放映厅隆重举行。四川师范大学党委书记周介铭表示四川师大愿与印度高校通过文化、教育、学术等多种渠道的交流合作,加强民间交往,并积极发挥学术界和思想界的助推作用。学校将为前来学习、交流的印度师生和社会友好人士提供优惠和便利,以促进四川和印度全方位的交流合作,大力支持中印友好交流事业的发展。

2015年5月15日,在中国国务院总理李克强和印度总理莫迪的见证下,云南民族大学与印度文化关系委员会签署了联合共建瑜伽学院的合作备忘录,这是印度在全球创办的首所瑜伽学院。6月13日,印度外交国务部长辛格、云南省副省长丁绍祥为中印瑜伽学院揭牌。2015年8月,印度瑜伽部联合秘书夏尔玛、顾问丹尼斯博士及莫拉基·德塞瑜伽学院院长巴萨瓦拉蒂博士访问云南民族大学,就中印瑜伽学院今后的师生常规交流、政策及经费支持、课程设置、合作培养等问题进行交流。2016年5月,昆明中印瑜伽大会新闻发布在昆明召开,由印度政府钦点、来自印度瑜伽五大流派的18位领袖级导师,倾力传授他们对自然和健康的终极感悟,引领大家身心都重返春天。印度瑜伽与中华文明都蕴含着天人合一、顺应自然的和谐精神,瑜伽已成为最广泛的中印民间交流形式。凭借得天独厚的自然条件和地缘优势,春城昆明致力于促进中印两国人文交流,为两国战略合作夯实民意基础。昆明市与印度地缘相近,有着悠久友好交往的历史。昆明市一贯重视开展与印度的友好交流,瑜伽作为印度传统文化的精髓,历来崇尚"天人合一",而昆明素有"春城"之美誉,其优美的自然环境、良好的人文环境与瑜伽文化有着完美的契合度。昆明市将以瑜伽大会为契机,开启与印方长足而深远的合作,共同繁荣以瑜伽为核心的大健康事业。

江苏大学与印度高校有着良好的合作关系。2008年以来,江苏大学先后与印度弗莱门大学、加济兰加大学、古吉拉特邦科技大学、贾达普大学和维斯瓦力亚国家技术研究所签订合作协议,缔结了友好合作关系。2017年

3月,印度驻上海总领事古光明先生一行6人访问江苏大学,并与印度奥里萨邦卡林加工业技术学院大学(KIIT)、卡林加社科研究所(KISS)签订友好合作协议。同时参加了"镇江市印度文化周之印度电影周"开幕式。"印度电影周"是"镇江印度文化周"的重要组成部分。"镇江印度文化周"是印度驻上海总领事馆与镇江市人民政府举办的一次文华盛典,包括印度艺术展、印度美食节、印度电影周、印度商务论坛、印度歌舞晚会等丰富多彩的中印文化交流项目。电影周期间,展映了《我滴个神啊》《女王旅途》《地球上的星星》《灵魂奔跑者》《灵魂拳击手》《印式英语》等印度经典电影。通过电影了解印度的文化历史、风土人情以及政治经济现状,架起中印民间交流的桥梁非常重要。

2017年12月,来自中国北京、云南,印度加尔各答、新德里的嘉宾、学者和学生会聚印度和平乡,为印度中国学研究的起点——印度国际大学中国学院80岁庆生。同时,通过举办中印文化交流国际研讨会,感受那份未曾消散的文化共鸣。

2018年12月,内蒙古艺术学院"安达"组合到印度参加TEDxGateway节目,与当地及来自世界各国的音乐家同台,作为世界民族音乐中夺目璀璨的一笔,受到了广泛和热烈的关注。TEDxGateway是一个在TED的许可下运营的独立组织活动,近几年来TED的演讲受到越来越多人的欢迎,这也是"安达"组合首次与印度音乐家们的合作。此次"安达"组合赴印度演出,受印度知名乐队——玛蒂·巴尼(Maati Baani)的邀请,与玛蒂·巴尼(Maati Baani)及印度的13岁钢琴天才少年Lydian Nadhaswaram、7岁神童鼓手Shayaan udeshi、澳大利亚、德国等世界各地的艺术家们合作演出了他们当地的音乐,以及由涅拉利·卡提克(Nirali Kartik)重新改编合作的"安达"的音乐,演出给5000位观众带来了非常震撼的视听盛宴。这次文化交流不仅是在音乐上的新尝试和结合,同时中印两国作为世界大国和传统邻国,开展这种音乐上的合作交流与沟通,在"一带一路"的背景下有着重要意义。

2019年1月,印度婆罗多舞文化交流访问团再次到浙江秀洲区开展文化交流访问。

2019年4月,由印度驻华大使馆、印度文化关系委员会和湖北省咸宁市人民政府主办的"缤纷印度 咸宁之夜"专场文艺演出在咸宁职院文华广场精彩上演。印度Vox pop舞蹈团呈现的古典舞和现代舞,给在场的市民和学生带来了浓郁异域风情的视听盛宴。咸宁市歌舞剧团的演员们带来了具有咸宁地域特色的《喜泉》《拍打舞》等舞蹈。咸宁职业技术学院学生们带来的《霓裳·袖》展现了中华服饰之美和中华女性的温婉柔美。印度驻华大使馆文化参赞纪提卡女士表示，加强中印两国人文交流是时代的需要。特别是年轻一代，是国家未来的建设者，需要彼此互访、相互了解并相互学习彼此的经验。活动旨在通过印度古典和现代舞蹈形式来展现印度文化传统，让中国人民更好地了解印度艺术、文化和社会。

2019年6月，受国家汉办和孔子学院总部委派福建师范大学组织艺术团赴印度、印度尼西亚的孔子学院以及有关高校、华人社团等开展巡演活动，主题是"古榕送福·情满天竺"和"茉莉飘香·福满千岛"。本次巡演的文艺节目，包括歌曲类、舞蹈类、器乐类、武术类、互动类节目，以推广传播中国传统文化为主旨，辅以中华艺体文化展示，同时也充分体现了有福之州的"福"文化。福建师范大学该艺术团南洋踏歌万里行，受到广泛好评。印度南部英文报纸《印度教徒报》、印度尼西亚《坤甸日报》《千岛日报》《FAJAR METROPOLIS》《国际日报》《印华日报》《印度西尼亚商报》等报道了本次巡演活动。

2019年8月中印两国政府签署了文化教育交流协议，为中印两国文化交流的长远发展奠定了更加坚定的基石。

第五章

中印语言教育交流

纵观 2000 多年的中印交往史,文化交流始终起到了基础性的支撑与沟通作用,尤其是作为文化交流的基石——语言(包括梵文与汉语语言文字),它既是中印文化交流的钥匙,也是中印人民之间的交际工具。尤其是近年来,随着中印两国高层频繁互访、经贸往来关系不断发展、民间交往更加深入,自古就有文化和教育往来传统的中印文化教育交流更加丰富。事实上,作为中华文化积淀起来的最具生命活力的文明成果——汉语或中文热已在印度悄然兴起。据印度媒体调查显示,中文已成为印度最热门的外语之一。为此,研究印度汉语教学发展状况,探究其面临的主要问题,提出进一步加强印度汉语教学的对策建议,为促进中印教育文化交流、增进互信和发展中印两国友好关系,传播中华文明和拓展中国"文化软实力"等方面均具有十分重要的理论与现实意义。

一、"一带一路"建设亟须构建语言的互联互通

(一)语言是服务互联互通建设的重要支撑

中国国家主席习近平在北京举办的第二届"一带一路"国际合作高峰论坛中强调,共建"一带一路"不仅为世界各国发展提供了新机遇,也为中国开放发展开辟了新天地。我们要积极架设不同文明互学互鉴的桥梁,深入开展各领域人文合作,形成多元互动的人文交流格局。

语言作为一种软力量,是了解一个国家最好的钥匙,是"一带一路"朋友圈的沟通纽带,是"一带一路"人文交流的重要助推器。语言相通,才能谈及经贸往来、文化交流、文明互鉴、民心相通。语言互通,不仅是实现"民

心相通"的根本保障,更是服务"五通"建设的重要支撑。

(二)"一带一路"语言资源互通的必要性

(1)语言互通是推动中国文化在"一带一路"传播上的重要依托。语言是人们相互沟通的桥梁,是了解一个国家最好的钥匙;中国同世界的联系日益紧密,国际社会了解和认识中国、中国了解国际社会的需求都在持续增加。

(2)语言建设是推动中国对外开放的战略诉求。语言是中国参与全球治理、提高国际话语权的重要基础。随着中国经济的发展和国际地位的提升,汉语在"一带一路"沿线国家和地区也日益受到重视。语言产业伴随着国家"一带一路"倡议的提出,已成为未来经济发展的增长点。大力开展"一带一路"沿线国家语言资源建设,充分挖掘和利用语言互通的经济价值,进一步推进中国对外开放的广度与深度。

(3)语言文化对一国或地区的影响是深远与广泛的。首先,语言互通促进经贸合作与文化交流深入开展。我国与周边地区,尤其是东南亚、南亚地区在历史文化、语言习惯上有诸多相似之处,汉语在当地使用较为频繁,文化认同感比较强烈。这种天然优势给"一带一路"经贸合作的实施创造了有利的条件。从汉语沿古代丝绸之路传播的历史可以看出,"文以载道",语言的传播往往以宗教、文化、贸易等因素为内容和依托。以"一带一路"倡议为契机,汉语言的传播应该借力"一带一路"沿线国家经贸与产业经济合作的全球拓展,加快沿线国家共同语建设,加速汉语向世界传播的步伐。

(4)"一带一路"沿线国家语言资源丰富、语言状况复杂,涉及的官方语言有53种,而目前我国高校教授的相关语言仅为其中的20种,"一带一路"沿线国家小语种的在学学生数不足100人。非通用语种一般指除英语、法语、德语、俄语、日语、西班牙语、阿拉伯语7种外语以外的所有语言。

(5)非通用语人才是"一带一路"建设的迫切需求。在"一带一路"沿线国家中,除了阿拉伯语之外,其他语言几乎都属于非通用语种。目前,中国高校教授的外语主要是7种通用语,外国语大学的非通用语种也较多集中于传统的欧洲发达国家语言。非通用语种的数量缺乏、布局不合理,已经成为我国企业向"一带一路"沿线国家和地区"走出去"所面临的语言障碍问题。中国企业对外投资往往面临文化和语言以及文化认同的障碍,在一定程度上降低了中国企业的期望值和行为的有效性。

总体而言,中国开设的"一带一路"沿线国家与地区的非通用语种资源明显不足,尚须制定国家战略对语言建设进行宏观指导。另外,非通用语种建设还面临师资匮乏、非通用语人才培养滞后等问题。[1]

二、中印语言教育发展概况

(一)中国印地语教育发展情况

1942 年,中国在云南呈贡建立了国立东方语文专科学校,并设印地语科。这也是中国大学首次设立印度语言专业。

1946 年,北京大学成立了东方语言系(简称东语系),教授内容包括印度语言和文学,季羡林担任系主任。

1948 年,早前在武汉大学讲授印度哲学史的金克木转入北京大学东语系。

1949 年,国立东方语文专科学校并入北京大学,东语系由此成为中国现代印度学的重要基地。

1949 年,中华人民共和国的成立为各领域学术研究提供了有利环境。

1950 年中印建交,中国人研究印度的客观需求和主观兴趣均有显著提升,中国的现代印度学也取得了空前发展。

北京大学在已有印地语专业的基础上,先后于 1954 年和 1960 年增设了乌尔都语专业和梵文巴利文专业,并招收了第一批学生,授课内容包括语言及印度历史、文学等。

1955 年,中国科学院哲学社会科学部成立,下设从事印度历史文化研

---

[1] 乔章凤. "一带一路"建设亟须构建语言的互联互通. 光明网－理论频道 [2019－05－09]. https://www.sinoss.net/2019/0509/87478.html.

究的机构。

1959 年,北京广播学院(今中国传媒大学)成立,于 60 年代陆续开设了泰米尔语、乌尔都语、孟加拉语、印地语、阿萨姆语等印度语专业。

进入 19 世纪 70 年代,我国的印度学研究队伍逐渐壮大,研究资源得到了有效的整合,不断涌现出大量的专业人才和研究成果,在语言文学方面主要有刘安武的《印度印地语文学史》(1987)和《普列姆昌德评传》(1999),金鼎汉翻译的《罗摩功行之湖》(1988),季羡林主编的《印度古代文学史》(1991),黄宝生的《印度古典诗学》(1993),殷洪元的《印地语语法》(1993)等。

进入 21 世纪,中国的印度语研究持续快速发展。北京大学于 2004 年开设孟加拉语课程。北京外国语大学先后于 2006 年和 2007 年开设印地语和乌尔都语专业。西安外国语大学于 2006 年开设印地语专业。云南民族大学、广东外语外贸大学、上海外国语大学于 2013 年开设印地语专业。

"一带一路"倡议提出以后,面对印地语和印度研究人才严重匮乏的现状,我国主要的外国语大学纷纷开设印地语专业,并积极开展校际学生交流,把集中赴印度短期留学作为本科教学计划中的重要环节。2013 年,上海外国语大学和广东外语外贸大学增设印地语专业。2017 年,天津外国语大学印地语专业首次招生。2018 年,云南大学和西藏民族大学增设印地语专业。截至 2020 年 8 月,我国有 12 所本科院校开设印地语专业,它们是北京大学、云南大学、上海外国语大学、广东外语外贸大学、北京第二外国语学院、四川外国语大学、西安外国语大学、云南民族大学、中国人民解放军战略支援部队信息工程大学、解放军国际关系学院、西藏民族大学和解放军外国语学院。随着招生院校的增加,本科招生规模逐渐扩大,公派赴印度留学数量显著增加。2017 年,仅西安外国语大学就以班级为单位派出了 22 名学生赴印度学习,且大部分参加校际交流的学生可以获得国家留学基金委的经费资助。2016 年国家留学基金委国别区域研究及外语高层次人才项目和政府互换奖学金项目资助计划为 1950 人,到 2017 年即增加到 2300 人。"一带一路"建设对于国别区域研究和非通用语种人才的需求,为推动向沿线国家派出留学生创造了条件,赴印度公派留学生教育迎来了难得的发展机遇。

（二）印度的汉语教育发展情况

随着中印各领域交流的快速发展,印度全国掀起一股学习汉语文化的热潮。在这种经济发展的大背景下,印度对汉语人才的需求量日益增长。据印度媒体报道,印度教育部还计划将中文纳入全国中学和小学教育大纲中,使中文像英文一样成为印度第三个广泛使用的语种。但是,目前在师资力量不足、教材缺乏等条件下,真正将汉语纳入印度中小学教育内容,是一件难以实现的事情,所以目前印度汉语教学界无法满足印度学生对汉语学习的需求。印度掀起的"学汉语高潮"与其就业环境有直接的关系,据印度媒体调查报告,汉语已经成为印度当今最热门的外语语种了。印度对汉语人才的需求越来越迫切,进修过一年汉语之后,所有的学生基本上都能找到既体面又薪资相当高的工作,比如翻译、导游、外贸专员或自己创业做生意。

1.印度的汉语教育发展历程

印度的汉语教学发展大致可以分为汉语教学的黄金时期、停滞时期、现代发展时期三个时期。

20世纪30—60年代被誉为印度汉语教学的黄金时代。由于这一时期中国和印度遭遇相同的历史命运,两国携手并肩,互相帮助,文化交流和互动很频繁。因此,汉语在印度得到了自己的一席之地,并开启了漫长的发展历程。第一个在印度境内开设汉语班的教育机构为印度加尔各答大学。加尔各答大学从1918年开设汉语班起,至今都一直特别重视汉语教学。虽然中印关系有起有伏,但该学校从未中断过传授汉语知识。印度伟大思想家、文学家、教育家泰戈尔为深化中印两国之间的关系也做出了不可磨灭的贡献。20世纪30年代汉语教学成为泰戈尔与中国文化界之间的交流主题。而汉语教学正式被纳入印度教育体系中的时间为泰戈尔创办印度国际大学中国学院那一年。泰戈尔1921年成立了印度国际大学,1937年印度国际大学正式开始进行汉语教学,并逐渐成立了中国学院。中国学院将精力主要放到对佛教、其他宗教和中国哲学的研究上,同时也开展了对外汉语教学,开设了各种各样的特色课程。自20世纪50年代以来,越来越多的印度大学开始增开汉语课程,如阿拉哈巴大学、德里大学、梵凡大学、哥洛坡大学、旁遮普大学等高校,均开设了为期两年的汉语课程,并为通过考核的学生发放证书。此外,外语学院以及军官外语学校也开展了引人注目的汉语教学。这表明两国关系的良好走向带动起一批年轻人的汉语学习热情。

20 世纪 60 年代中期到 80 年代中后期,中印两国的关系持续低迷,汉语教学在印度的开展也陷入窘境,这一时期的中国学院地位也大不如从前,加上教材一直没有更新、教师队伍人数减少等问题,相关院校无奈之下只得停开学历证书班,其他的不少教学和研究活动也被迫搁浅,所以印度汉语教学历史的这一阶段被称为停滞时期。在动荡不安的 20 世纪 50 年代,加尔各答开展中国语言文化以及数理化课程的学校有培梅、建国和梅光三所,侨校鼎盛时的在校学生人数也达数千名。培梅中学是一所华人学校,最多的时候有 1000 多名学生在校。然而由于 60 年代中印关系恶化,华人学生人数骤减,因为缺乏生源,除培梅外的其他中文学校相继关闭。两国政治关系的恶化让印度的汉语教学受到打击,印度学生对汉语学习的兴趣也有所减弱,这阻碍了汉语在印度的传播。这些历史造成的损失是无法挽救的,所以现在两国需要加强各方面的合作和交流,倍加关注文化教育方面的问题。

自 20 世纪 80 年代以来,中印关系开始慢慢解冻,中国学院也随之迎来了机遇和挑战并存的发展阶段。特别是从步入新世纪开始,中印领导人互访的频率提高,也开启了两国关系的新纪元。随着中国国力的提高,汉语在世界范围内越来越流行,在这种大趋势下,印度人民对汉语学习的热情也与日俱增,这带动了印度大学汉语教学的发展。而一些社会培训机构的汉语课程也如雨后春笋般冒了出来。另外,中印学术界日渐高涨的研究兴趣、中印学生交流的不断深化、中印文化的进一步互学互鉴,都为印度汉语教学的快速发展提供了良好的机遇。

2. 印度的汉语教育现状

目前,印度有大约 40 所大学开设了汉语教学课程。其中尼赫鲁大学、印度国际大学和锡金大学有本科、硕士和博士专业课程。贝拿勒斯印度教大学有硕士和博士课程。都安大学、锡金大学、古吉拉特中央大学、贾坎德中央大学有本科和硕士专业课程。桑吉大学有硕士专业和业余制班文凭课程,孟买大学有本科专业和业余制班文凭课程。德里大学有全日制班文凭课程和业余制班文凭课程。其他 30 所大学只有 1/2/3 年的业余制班的汉语文凭课程。业余制班每周有 2—3 节课,每周 4—6 小时的课程。这些大学包括 Amity 大学、Jindal Global 大学、SRM 大学、国立伊斯兰大学、印度理工学院马德拉斯分院、印度理工学院孟买分院、马尼帕尔大学、英语与外国语大学,海德拉巴德大学、Tejpur 大学、旁迪切里大学、阿里格尔穆斯林大学、摩揭陀大学、班加罗尔大学、旁迎普大学、奥兰加巴德大学、韦洛尔科技大学、Kalyani 大学、加尔各答大学、普纳大学、印度理工学院班加罗尔大学、印度管理学院班加罗尔分院、印度管理学院加尔各答分院、印度管理学院阿默达巴德分院、Maharshi Dayanand 大学、PDM 大学、Diblugarh 科技大学、圣雄甘地国际印地语大学、I.K. Gu jral 旁迎普科技大学、新那烂陀大寺大学、Lovely Professional 大学 (LPU) 和 L. P 大学。

尼赫鲁大学的东亚系,不仅有汉语学士学位教育,还有硕士和博士学位教育,目前该校共有 4 名老师从事汉语教学,均为印度籍教师[①];德里大学东亚研究系 2009-2010 年度共有 131 名学生报名参加汉语学习[②];国际大学人文与社会科学学院不仅开设了学制分别为一年和两年的汉语文凭和认证课程,而且还有汉语学士和硕士教育,共有 6 名汉语教师任教[③];此外,贝纳拉斯印度教大学的文学院有 2 名汉语教师[④],艾哈迈达巴德管理学院 2009 年有 60 名学生学习汉语[⑤],等等。这批拥有较强汉语教学实力的大学正计划扩大招生规模,此外还有很多大学,特别是一些地方大学也准备开设汉语专业。印华中文学校从开班时仅有 6 名学生,到如今已在新德里、孟买、古尔冈、浦那 4 个城市开设了 18 所分校,拥有 30 多名教师和 1000 余名学员。几年中快速发展壮大,印华中文学校成为印度"汉语热"的一个缩影。

此外印度还拥有大批(非学历教育的)汉语言培训机构或个体。在印度从事(非学历)汉语语言培训的机构或个人几乎遍及全国各地。据不完全统计,2004—2011 年,大约有 71 位[⑥](中印籍)汉语教师在印度从事汉语培训

---

① http://www.jnu.ac.in/Academics/Schools/SchoolOfInternationalStudies/CEAS/faculty_regular.htm,2011-03-16.

② http://eastasia.du.ac.in/,2011-03-16.

③ http://www.visva-bharati.ac.in/Faculty/faculties/facultyContents.htm,2011-03-16.

④ http://www.bhu.ac.in/arts/faculty.htm,2011-03-16.

⑤ http://www.hwjyw.com/info/news/200910/t2009100632388.shtml,2011-03-16.

⑥ http://www.language-school-teachers.com,2011-03-16.

工作。印度中文培训机构或教师个体主要分布于德里、孟买、班加罗尔、金奈、海德拉巴、浦那等首都或沿海经济发达地区。这说明了印度的汉语语言培训地区分布是顺应印度汉语人才之需求的。另外，印度(非学历)汉语语言培训基本上采取面授、电话、电子邮件、文字聊天、语音聊天和电视会议等形式多样的授课方式。由此可见，印度社会上的中文培训正逐渐形成气候，且其专业中文教育取得了一定的成就。2013年5月，印度私立教育机构加尔各答中文学校首次举办了HSK汉语水平考试，50多人报名参加，开启了在印度举办汉语水平考试的先河。经过不懈努力，到2018年底，韦洛尔大学孔子学院在韦洛尔、金奈、班加罗尔、孟买等地建立了9个HSK考试中心，为印度学生参加汉语水平考试、申请来华留学创造了条件。

2009年4月由印度韦洛尔科技大学与中国郑州大学共同承办，并在中印科教联盟协助下建立韦洛尔科技大学孔子学院。该学院有证书课程、短期课程和HSK辅导课。2009年韦洛尔科技大学孔子学院共有各类学生109人，同时该学院是新汉语水平考试(HSK)在全印度的唯一考点。[①]

另外，2007年尼赫鲁大学与国家汉办签署了《中华人民共和国国家对外汉语教学领导小组办公室与印度尼赫鲁大学合作协议》，以进一步促进两国文化交流。

目前，中国在印度建立了4所孔子学院和3个孔子课堂，分别是韦洛尔科技大学孔子学院、孟买大学孔子学院、拉夫里科技大学汉语教学中心、金德尔全球大学汉语言培训与研究中心、曼格拉姆大学汉语教学中心、加尔各答中文学校孔子课堂，以及印度巴拉蒂大学广播孔子课堂。[②]通过孔子学院和孔子课堂，中国的语言及文化得到了更为广泛的传播，为中印两国的交流提供了更加便捷的通道。

3. 印度兴起"汉语热"的主要原因

印度兴起"汉语热"的主要原因：一是随着中国实力增强，汉语的国际影响力不断提升；二是中印往来不断增多，更多人希望借助汉语更好地与中

---

① http://www.chinesetesting.cn/gokdinfo.do, 2011-03-16.
② 孔子学院总部/国家汉办官方网站[EB/OL]. http://www.hanban.org/confuciousinstitutes/node_10961.htm.

国开展交流与合作；三是中印文化交流历史渊源深厚，很早就频繁开展相互语言学习和交流；四是中印关系前景可期，语言交流将增进中印文化深度融合和互鉴；五是印度的"汉语热"体现了当前市场需求，学习和掌握汉语给印度青年人创造了许多就业机会。

2006年是中印两国政府确定的"中印友好年"，进一步推动了中印友好关系的发展，促进了中印各个领域的交往与合作。在全世界的汉语热背景下，印度的"中国热"有力地带动了印度人学习汉语的热情，印度汉语教学发展迅猛，印度一些大学和其他社会语言培训机构的汉语教学水平也得到了很大的提高。随着两国学界的研究兴趣和热情与日俱增，中印学生交流活动日趋频繁，中印语言文化教育深度交流与融合，为在印汉语教学营造了良好的发展环境。

三、中印语言文化教育交流纪实

（一）印度前外交部长谈中印需要学习彼此语言的纪实片段

印度是一个人口大国，有36个邦和中央直辖区、18种地方语言。从历史看，印度民族精神鼓励宗教和语言的多样性，它把印度人民凝聚在一起共同抵御各种社会和政治的分裂势力。现代印度社会反映出多样性中的统一性，在中部和东北部广大部落地区存在着250种方言和5种主要宗教。

据2018年5月7日北京新闻报道，印度前外交部长苏诗马·斯瓦拉吉（Sushama Swaraj）在印度大使馆组织的一项名为"印度语对印中友谊的贡献"的节目中发言，要求印度人和中国人学习彼此的语言，称这将帮助他们克服沟通障碍，继而加强两国之间的关系。

斯瓦拉吉说："当两个朋友坐在一起时，他们想要什么？他们想要彼此倾诉心声，分享各自的感受。为此，我们需要一种语言。当你说话的时候，我应该能理解你所说的中文；当我说话的时候，你能理解我所说的印度语。"

在宣布印度总理纳伦德拉·莫迪和中国国家主席习近平将于2018年4

月 27—28 日举行非正式峰会这一消息的一天后,她说道:"如果两个朋友之间坐着一个翻译,他也许能翻译出这些词的意思,却翻译不出我说那些话时的感受。所以,我们必须学会并理解这一门语言。"

斯瓦拉吉说道:"我想说的是,印度和中国的关系正在加强,两国间的贸易往来正在增加,我们在国际论坛上携手努力,所以你(中国)学会印度语和我(印度)学会中文变得越来越重要。这样当印度人访问中国时,他们不会遇到沟通障碍;当中国人访问印度时,你也不需要翻译在场。""你对印度语的热爱……你可能没有意识到,两名外交部长不能像这些正在学习印度语的学生一样,加强中印之间的关系。你们(的学生)是在(为两国)服务。"这位部长引用《摔跤吧!爸爸》《神秘巨星》以及《起跑线》等电影来强调印度电影在中国越来越受欢迎,但她说比起对字幕的理解,对印度语言的理解可以提升他们观看此类电影的体验。

当斯瓦拉吉注意到在节目中有一个正在学印度语的中国学生表示她的梦想是访问印度时,她指示大使为这些学生访问印度做好安排。"我想告诉她,你的梦想会在此时此地实现。我正通知我们的驻华大使派送这个由 25 名学生组成的代表团前去访问印度。"

"我们会在那里招待你,送给你印度传统的服饰——女孩送纱丽,男孩送古尔达(印度无领宽松长衬衫)。我委托我们的驻华大使负责派遣一个学生代表团去(我们那儿)学习印度语。"她说道,"中国人会说印度语。中国在 15 多年前就开始雇佣印度的老师来教他们幼儿园的孩子们了。不要惊讶于一个在印度工作的中国人竟然说着一口流利的印度语,那可能只是你没有留意到而已罢了……我同意语言可以成为跨越中印两国间隔阂的桥梁(的观点)。"①

(二)印度的中印语言教育重镇——中国学院

在印度,几乎所有研究中国文化语言教育和学习中文的人都知道中印语言文化教育交流的重镇——印度国际大学"中国学院"这个名字,它也是

---

① 印度外长:中印需学习彼此的语言. 五毛网 [2018-05-07]. http://www.wumaow.org/p/10826.html.

培养印度汉语人才的摇篮。

1. 和平乡里的中国学院

　　从加尔各答乘火车向西北行约 3 个小时,便到达一个叫作"圣地尼克坦"的地方。这个地名是印度诗哲泰戈尔的父亲起的,意思是"平和安静的地方",中文一般译为"和平乡"。泰戈尔获得诺贝尔奖之后,用奖金在这里创建了赫赫有名的国际大学。

　　"和平乡"是一个类似于中国普通县城规模的小镇,尽管集市上非常热闹,但国际大学校园里及周围仍然平和宁静。走进国际大学连校名都不写的正门不远,便有一座雄伟的米黄色建筑。"中国学院",四个遒劲有力的黑色大字镶嵌在主楼正面墙上,格外引人注目。主楼旁边有几座配楼,楼群前面有一片空地,均被低矮的院墙环抱,整个布局十分具有中国特色,格调淡雅庄重。

　　中国学院成立于 1937 年 4 月 14 日,当时是国际大学教学楼中最大的建筑,在将近 70 余年后的今天,它依然是国际大学唯一名副其实的外国学院。

　　"中国学院的诞生是中印文化教育交流的一个结晶。"泰戈尔一直对中国文化有着浓厚的兴趣,重新构架起中印文化交流的桥梁是泰翁多年的梦想。为了同一个梦想,应泰翁之邀到国际大学任教的华侨学者谭云山主动请缨,具体操办,往来于中印之间,经过几多奔走,最终建立了沟通中印文化的有形实体——中国学院。

2. 中印文化教育交流的园地

　　中国学院的成立,翻开了中印文化交流史上新的一页,掀起了中印两国互相研究彼此文化的热潮。谭云山是中国学院首任院长,他为中国学院拟定的宗旨是:研究中印学术,沟通中印文化,融洽中印感情,联合中印民族,创造人类和平,促进世界大同。在谭云山的主持下,中国学院成了中印文化交流的园地。

　　对印度文化感兴趣的中国学者在此落脚,对中国文化感兴趣的印度学者也最喜欢到这里讨教。他们相互交流甚欢,学术气氛浓厚。曾先后来此访问或短期工作的中国艺术家和学者有徐志摩、徐悲鸿、陶行知、张大千、常任侠、金克木、吴晓铃、丁西林、郑振铎、周而复等。其中徐悲鸿曾在这里工作过一年，与泰戈尔结下了深厚的友谊，并为泰翁画了大量的肖像画，在中印艺术界传为佳话。

"最令学院师生难忘的是1957年1月30日这一天，周恩来总理和贺龙元帅于国事访问的百忙之中专程来此参观，周总理还在这里接受了国际大学授予他的名誉博士学位。"周恩来总理归国后向这里赠送了1万多册图书，至今仍珍藏在中国学院图书馆。

3. 汉语人才培养的摇篮

在沟通中印文化的同时，中国学院还致力于教授汉语，成为培养印度汉语人才的摇篮。之前印度没有一个专门学习汉语的地方。从这里毕业的学生成为印度汉语教学的主力军，印度现在所有学习汉语的大学生都是他们的弟子。

"随着中国经济的迅猛发展，特别是中印关系的日益改善，现在印度学习汉语的学生越来越多。"那济世院长说。这里的毕业生除了一部分继续深造外，大部分都被班加罗尔的IT公司招去了。中国学院在进行学历教育的同时，还不定期开设了很多汉语培训班。"很多商人到这里来学习汉语，他们认为汉语可以给他们带来更多商机。"

随着学生的增多，学院需要更多的老师，特别是中国老师。"我们现在最盼望有中国老师来，那样我们就可以更直接学到地道的汉语，特别是在发音方面。"[①]

（三）中印签署汉语教学《谅解备忘录》纪实

2012年8月24日下午，国家汉办与印度中等教育委员会在北京签署《国家汉办与印度中等教育委员会谅解备忘录》，进一步明确双方合作领域的机制。

该备忘录确定双方将展开以下合作：开展专家、教师、学生的交流；开展

---

① 中国学院，见证中印文化交流．环球时报 [2006-03-19]．http://news.sina.com.cn/c/cul/2006-03-19/18418477324s.shtml.

汉语教学体系、新教育技术运用等方面的信息交流；开发汉语课程与培训材料；开展教育管理、研究人员与汉语教师培训；组织召开相关展览和研讨会、讲习班等。为开展好合作，双方同意建立由双方人员参与的中印联合工作组，负责检查本备忘录合作领域项目的执行情况，协调相关工作。

印度驻华大使苏杰生在签约仪式上表示，谅解备忘录为在印度开设汉语教学奠定了基础，这是两国关系不断深化的重要一步。他说："今天的活动有重大的长期意义，可为印度学生提供学习汉语的机会，将增加他们对中国与中国文化的理解。中印两国会真正地塑造未来时代的思想，我特别高兴我们在印中合作友好年取得了这样的进步。"

随后，许琳女士在讲话中称，印度的文化传播能力非常强，将佛教等印度文化带到了中国，在这一点上，我们需要向印度学习。"我们对于印度的了解远远超过了印度对我们的了解。"她说，"今天，我们签署了这样一个汉语教学谅解备忘录，这是中国汉语教学历史上一个伟大的事情。我们汉办要向印度学习文化传播能力。"最后她表示，在印度的汉语推广工作不是一蹴而就的，没有 20 年持之以恒、坚持不懈的努力将无法达成这一宏伟目标。

中印双方一直希望能够在印度推广汉语教学，在此谅解备忘录签署以前就已经进行了大量的工作。2010 年 9 月，教育部袁贵仁部长在会见印度人力资源与开发部部长卡皮尔·希巴尔时表示，将在派遣教师、培训教师、教材等方面给予支持。2011 年 10 月，印度教育代表团访问汉办时，双方签署会议纪要，国家汉办将帮助印方培训 300 名汉语教师，每年为印汉语教师来华培训提供 100 个奖学金名额，在建立汉语师资力量和开发汉语教材等方面提供帮助。

（四）中印语言教育交流及竞赛活动纪实

1. 第二届中印语言教育交流合作研讨会在北京举行

2019 年 8 月 11 日，第二届中印语言教育交流合作研讨会在北京孔子学院总部举行。本次会议由孔子学院总部主办，会议围绕"中印语言教育的创新发展"展开讨论；中国 8 所高校和印度 18 所高校的负责人、汉语系主任、汉语教育家、孔子学院院长、著名专家学者和优秀师生等共 100 多名代表参加会议。

第二届中印语言教育交流合作研讨会,是中印高级别人文交流机制的重要组成部分。与会人士重点研讨了中国开展印度语言教育,以及印度开展汉语教育的新理念、新方法,探讨两国语言教育交流合作的新思路、新办法。中印双方代表一致呼吁,积极开展对方国家语言教学和国别研究,增进两国青年互访,培养中印高端人才,满足中印两国日益扩大的教育文化交流合作需求。

会议期间,孔子学院总部与印度曼格拉姆大学签署了共建汉语教学中心的合作协议。孔子学院总部副总干事马箭飞、拉夫里科技大学校长坎瓦尔、井冈山大学校长曾建平、索迈亚大学国际关系处主任萨丁德在开幕式上先后致辞。

孔子学院总部副总干事马箭飞在致辞中指出,中印两国同为文明古国、文化大国,是山水相邻的邻居、互利合作的伙伴、携手前行的朋友。中印高级别人文交流机制会议是落实两国共识、推进两国人文交流合作的重要机制安排。中印语言教育交流合作研讨会是机制会议的系列重要活动之一。他强调,两国促进友谊、沟通心灵的最好办法,莫过于学习对方的语言、欣赏对方的文化。孔子学院总部愿意与印度教育界保持密切合作,在为印度民众特别是青少年朋友学习汉语提供帮助的同时,积极推动中印两国语言教育合作和人文交流迈上新台阶、提升新水平,为巩固发展两国友好关系做出积极贡献。

随后举行了中印语言教育机构负责人、语言文化专家学者、师生代表三场专题会议,重点研讨了在经济全球化、文化多样化背景下,中国开展印度语言教育和印度开展汉语教育的新理念、新方法,特别是中印双方开展语言教育交流合作的新思路、新办法。

在专题会议上,天津理工大学副校长郭滇华、深圳大学印度研究中心主任郁龙余、社科院亚太与全球战略研究院副院长叶海林,印度曼格拉姆大学校长马力克、韦洛尔科技大学孔子学院外方院长苏巴基、尼赫鲁大学中文系主任狄伯杰等专家先后发言。

中印代表一致认为,本次研讨会形式新颖、内容丰富,拉近了友谊、增进了交流、促进了合作,是近年来两国教育界一次高水平的学术会议,对促进中印人文交流和人民友好意义深远。双方一致呼吁,两国语言教育界要加大合作、互联互通,积极开展对方国家语言教学和国别研究,增进两国青年互访,培养中印高端人才,满足中印两国日益扩大的教育文化交流合作需求。

会议期间还召开了印度汉语教学座谈会,来自尼赫鲁大学、印度理工学院、国际大学等11所印度高校的中文系(部)主任,以及来自四川大学、深圳大学、中国驻印度使馆的专家学者,围绕印度汉语教学过程中的课程设置、教师培养、教材研发、教学法创新等话题进行了深入交流。此外,还举办了印度汉语教学资源展、中印艺术家交流展演、中印语言教育交流合作视频欣赏等活动。孔子学院总部还与印度曼格拉姆大学签署了共建汉语教学中心的协议。

2. 世界大学生"汉语桥"中文比赛各赛区落户"一带一路"国家

"汉语桥"系列中文比赛是由孔子学院总部主办的大型国际汉语比赛项目,包括世界大学生中文比赛、世界中学生中文比赛和全球外国人汉语大会三项比赛。自2002年启动以来,从最初的21个国家和地区的49名选手参赛,到现在已吸引150多个国家和地区的140万名青少年参加预选赛,6500多名选手参加决赛,已成为中外人文交流领域的知名品牌活动,是连接世界的"文化之桥、友谊之桥、心灵之桥",被誉为汉语"奥林匹克"比赛。其中大学生比赛已举办18届,中学生比赛已举办11届。

从2008年"学会中国话,朋友遍天下"到今年"携手汉语,筑梦未来",12年来,"汉语桥"世界中学生中文比赛以不同的赛事主题,彰显出不同时期的关注焦点,为年龄15—20岁、非中国国籍、母语非汉语的中学生提供了一个展示汉语能力、互相学习交流的平台。在中印语言教育交流中,"汉语桥"架起了中印文明互鉴交流的桥梁。

2019年5月27日,第18届"汉语桥"世界大学生中文比赛印度赛区决赛在新德里举行,来自德里大学、尼赫鲁大学、孟买大学等知名高校师生约150人参加。中国驻印使馆公使李碧建、全印大学联盟辅秘玛塔·阿卡瓦尔出席并参加颁奖仪式。

中国驻印使馆公使李碧建在比赛仪式发言中说:"汉语桥"是中印两国人民沟通之桥、友谊之桥,希望越来越多的印度同学加入汉语学习行列,成为中印交流的使者,为传承和弘扬中印友谊贡献力量。他说,2018年12月中印建立高级别人文交流机制,开启两国人文交流新时代。"汉语桥"比赛就是该机制的重要内容。同学们吹拉弹唱,各显神通,奏响了中印文明交流互鉴的新乐章,携起手来,共同推动中印文明互鉴交流取得更大发展。

全印大学联盟辅秘玛塔·阿卡瓦尔女士在致辞中表示,语言是人们相互沟通的桥梁。历史上,中印沿着古老丝绸之路进行了深度的文明交流。她充分肯定了"汉语桥"比赛在中印两国友好交流中的积极作用,并介绍了印度持续的学汉语"热潮",对各汉语教学机构教师和志愿者所做努力表示感谢。

来自印度5个分赛区的9名选手齐聚一堂,在完成当天上午笔试后,下午又以各自抽中的题目展开精彩演讲。选手们妙语连珠,充分展示了自己的语言能力。演讲内容生动活泼,场上笑声、掌声不断。在知识问答环节,各位选手对中国语言、文化的了解也令在场观众赞叹不已。

在才艺展示环节,选手们使出十八般武艺,有声情并茂的诗朗诵、清丽悠扬的中国传统乐器弹唱、曼妙轻盈的扇子舞表演、荡气回肠的中国歌曲演唱、栩栩如生的剪纸艺术和龙飞凤舞的书法表演,甚至将喜闻乐见的广场舞也搬上了舞台,一名印度女大学生展示了剪纸技艺,精彩的表演博得现场观众连连喝彩。

经过激烈比拼,尼赫鲁大学中文系吴圣强同学拔得头筹。他表示将来会为中印经贸、人文往来贡献自己的力量。①

---

① 汉语桥"架起中印文明互鉴交流的桥梁——第十八届"汉语桥"世界大学生中文比赛印度赛区决赛圆满落幕. 新华网 [2019-05-27]. http://www.xinhuanet.com/world/2019-05/27/c_1210144553.htm.

第六章
对"一带一路"背景下中印
教育交流合作的评析

一、"一带一路"背景下中印教育交流合作的作用

自"一带一路"倡议提出后,中国与印度教育交流与合作取得一定成效,一定程度上促进了两国教育国际化发展。加强两国的教育交流与合作是促进两国双边关系发展、增进文化交流的不竭动力。

(一)促进经济发展

教育是经济发展的重要引擎和动力,对产业的结构调整与升级有着不可忽视的作用与影响,教育的良好发展能够有效地促进经济发展,教育交流与合作能不断地为经济建设培养新型的知识人才。随着经济全球化发展和国家之间竞争的日益激烈,国家综合国力的提升需要文化软实力的支撑,而教育对文化软实力有着非常重要的作用,因此教育要主动承担起对国家综合国力发展的责任,充分发挥自身优势与特长,有效促进经济持续发展。

中国与印度的教育交流与合作能够引进印度先进的 IT 技术,培养科学技术人才,促进我国科技发展,从而带动经济发展。在一定程度上经济增长的动力来自劳动力的素质,劳动力受教育水平的高低,决定着劳动者掌握知识与技能的好坏,劳动者受教育的程度越高,掌握的知识与劳动技能就越高级,产生的劳动生产率也就越高。美国的一份关于 1945 年以来生产增长原因调查报告指出,经济增长主要来自对劳动者素质教育的投入。教育交流与合作可以有效促进产业结构的调整。产业的形成与发展会受到很多因素的影响,教育就是其中一个非常重要的决定性因素,能够通过对产业结构的影响促进经济的快速增长。具体主要表现在教育对社会分工的细化、发展与深化有着重要的促进作用,这也是引起产业结构变化发展的主要前提。随着社会生产力不断更新的教育观念、教育交流与合作间的碰撞,当前对教育的投入要远远少于往后生产中所获得的经济和社会效益。

（二）推动文化交流

教育本身具有文化传播功能。古时候，印度僧人通过开坛讲法等教育方式传播佛教文化，从而带动其他方面的文化交流。作为文化重要组成部分的教育，是建立在人类文化基础上、受到文化性质和水平的制约的。但是，教育并不是消极的依赖文化，它对文化的发展具有重要作用，特别是在文化交流与融合中起着催化剂的作用。

教育的传递、选择功能促进文化融合。不仅文化的形成需要教育这一作用机制，而且文化也只有通过教育才能更好地进行交流、融合，促进其自身发展。"文化"一词，在中国古代是指文治与教化，汉朝刘向《说苑·指武》中的"凡武之兴，为不服也；文化不改，然后加诛"就是这个意思。文化的传递、选择和发展是由教育和培养而来，教育是文化传递、选择的一个重要手段。教育对文化传递的主要形式包括人际交往、口耳相传、耳濡目染、行为模仿、文字与学校教育，以及信息技术等教育的文化选择功能，贯穿教育的全过程。置身于社会文化环境中的学校教育是一个开放系统，它随时与世界文化的发展进行着信息交流，不断地进行文化传递。在文化传递中绝非一概"拿来"，完全照搬，而是根据社会和时代的要求，进行有目的、有计划的选择、加工整理，舍去无用的成分，批判有害的内容，吸收其内容与形式中的精华，丰富本民族文化，促进二者有机结合。

中印教育交流使两国吸收对方国家文化并使其本土化。创造性是文化的主要特征之一，只有创造才有文化的存在和发展，文化融合就是一种综合创造过程，使组成该文化系统所包含的文化要素不断丰富、发展，同时对旧系统结构进行变革，重构新的文化。教育的基本作用之一，就是实现对文化的创造。一个民族具有不同于其他民族的文化特点，对外来文化不是全盘吸收，而是根据本民族的社会需要，通过加工创造，为己所用。教育通过对人才的培养促进文化交流，将其他文化系统的某些因素进行加工改造，纳入本民族文化系统中来，实现文化融合，使本民族文化更富于时代精神。这就需要教育向受教育者从多方位多角度揭示人类文化创造性特征，培养他们的创造思维品质，传授创造技能，形成创造个性，不断开发创造潜能。善于吸收外来文化的精华，促进价值观念、心理状态、思维方式等方面的变革，只有通过培养大批有创新观念和创造力的人才,才能把外来文化中的精华和本民族文化的主体意识融为一体进行综合创造,升华为新质文化。

不同类型、不同模式的文化,其价值观念有很大差异,在文化传递过程中必然要受到不同文化的社会心理、群体意识、价值观念的阻挠,这就是文化冲突。面对文化冲突,通过教育交流,能培养学生具有良好的心理素质,主要包括健康的心理、健全的人格以及个性特征都得到较好的发展。由于现代科技蓬勃发展,信息传递加快,促进文化交流,特别是大众传播媒介的信息,以其内容广泛、兼容并包、主题多变以及传播手段多样化、信息传播迅速造成了一个信息密集型社会,使社会文化价值观的状况变得复杂化、多样化,它为受教育者提供了一个新奇多变、形象直观、内容丰富、灵活多样、可供自由选择的信息环境。社会向每个受教育者提出越来越多的问题。在这种新形势下,只有保持健康的心理,才能适应现代化社会生活。因此,教育在人才培养过程中提倡新的观念和兼容态度,使受教育者树立开放意识,在文化撞击面前冷静思考,去除盲目排外心理,但也不是采取消极适应的态度。同时,还要使受教育者的认知结构适应形势发展的需要,发生相应的变化,能够对外来文化进行审慎分析和精心筛选,对本民族文化形成客观评价的态度,既要继承本民族文化中的优秀成分,又要努力使本民族文化达到时代的先进水平。

近年来印度来华留学生主要集中在医学专业,并且规模逐年扩大,这无疑有助于我国中医在印度的传播。印度等南亚国家的医疗资源严重短缺,对医生的需求量很大,取得行医执照独立开设诊所是很多学生梦寐以求的理想职业。印度本国的公立医学院校招生名额很少,竞争异常激烈。私立医学院的学费每年至少要100万卢比,约合2万美元。而到西方发达国家学医的成本则更高,中产阶级家庭无法支付如此高昂的费用。在中国学医的成本比西方国家低很多,性价比却很高。作为"985"院校的武汉大学,2007年以前招收临床医学专业的留学生学费只有人民币1.9万元,按当时汇率约合2600美元,仅为印度本土私立医学院学费的1/10。中国的教学水平高、生活条件好、费用却很低,非常符合印度留学生的支付能力和实际需求。2018年,武汉大学有465名印度留学生,其中只有5人在非医学类专业学习。

（三）有利于中印教育国际化发展

国家之间的教育交流与合作有助于教育国际化发展。印度独立之初，为创建世界一流的理工大学，先后接受德国、美国、英国等国的援助。借助发达国家的经验和援助，印度和发达国家合作开办了印度理工学院马德拉斯分校、德里分校和坎普尔分校。坎普尔分校的"坎普尔印美项目"就是印度和美国合作的重要项目。通过该项目，坎普尔分校与美国顶尖大学建立了广泛和深入的合作，逐渐获得了世界性的声誉。进入21世纪，印度政府鼓励印度学生赴国外寻求获得优质高等教育的机会。1995年，只有约4万名印度学生出国接受高等教育。2005年，印度成为第二大国际学生来源国，国际学生人数达到了约15万，仅次于我国的约40万。

教育国际化简单来说是一个国家教育走向国际化的发展过程和总体趋势。在全球化时代，世界各国的政治、经济、文化等因素的融合形成了动力机制，推动了高等教育向国际化方向发展，促进了各国教育资源的优化配置。教育国际化使教育资源在全球范围内最大限度地达到合理、优化，符合高校的配置目标。在教育国际化大背景下各国采用人才交流、合作办学等多种方式，并利用高新技术手段，增进信息交流、沟通与分享的广度和深度。充分利用国内外一切可以利用的人力、物力以及文化资源，尤其是信息资源，以最少的教育投入，生产质量更高、数量更多的教育产品，从而提高世界教育的整体效益。中国与印度的教育交流与合作促进了教育国际化，为宣扬本国先进科学技术和传统文化提供了平台。

第一，两国留学生国际流动数量增加。随着两国经贸往来的增多，双方的人员流动日益频繁。从印度来华留学生规模来看，印度一直位于来华留学生生源国前列。2016年，印度来华留学生达1.8717万人，比2014年增加了5139人，增幅约38%。据《印度时报》报道，越来越多的印度学生选择赴中国留学，其数量超过选择去英国留学的学生。我国政府也相当重视赴印留学工作的推进，20世纪90年代初，我国仅有几百名学生赴印度留学，而现在这一数字为20万，增长非常明显。第二，孔子学院的开办与发展促进我国教育国际化发展。目前，我国在印度建立了四所孔子学院和两个孔子课堂，分别是韦洛尔科技大学孔子学院、孟买大学孔子学院、拉夫里科技大学汉语教学中心、金德尔全球大学汉语言培训与研究中心以及加尔各答中文学校孔子课堂、印度巴拉蒂大学广播孔子课堂。孔子学院开展汉语教学和中外教育、文化等方面的交流与合作,充分发挥自身优势,开展丰富的教学和文化活动,成为印度人民学习汉语言文化、了解当代中国的重要场所。2016 年 1 月 6 日,中国驻印度大使乐玉成为即将离印的 18 位国家汉办公派中小学教师举办送别座谈会,这是自 2012 中印签署《国家汉办与印度中等教育委员会谅解备忘录》以来,国家汉办首次派遣中小学教师赴印德里、孟买、加尔各答等 10 座城市的中小学开展为期 2 年的汉语教学和师资培训工作。这些举措进一步发展了中印双方在汉语教育领域的合作机制。第三,科学技术领域的交流促进我国教育国际化发展。中印两国在科学技术方面的合作,可追溯至 20 世纪 80—90 年代。1989—2013 年,中印先后举行了 6 次联合委员会议,签署了各种协议和组织间谅解备忘录,规定建立印度—中国联合委员会科技合作机制,规划、协调、监督、推动该领域的合作。2014 年 9 月 18 日,中国国家国防科技工业局副局长张建华与印度空间研究组织主席拉达克里希南签署《中国国家航天局与印度空间研究组织关于和平利用外层空间合作的谅解备忘录》,开展遥感卫星(灾害管理)领域合作,加强科技方面的交流与合作,积极吸引优质的科技人才。2016 年 10 月 7 日,第四次中印战略经济对话在新德里举行,中印双方一致同意在政策协调、基础设施、高技术、节能环保、能源等领域加强合作,并更多地向民生领域倾斜,两国签署了《中华人民共和国国家发展和改革委员会与印度共和国国家转型委员会关于开展产能合作的原则声明》《中华人民共和国国家发展和改革委员会与印度共和国电子信息部关于"互联网+"合作的行动计划》及本次对话会议纪要等一系列文件。双方在科技合作方面借力生力、协力给力、蓄力发力,提升了彼此的聚合力和创新力。

(四)职业教育中的"走出去"与"引进来"

作为新时期进一步提高我国对外开放水平的重大战略构想,"一带一路"倡议为 21 世纪国际合作创生了一种全新的模式,已成为我国对外展示大国风范的"新名片",而这也为我国职业教育"引进来"和"走出去"带来了有机融合的良好机遇。近年来,中国与印度的职业教育合作不断深入开展,帮助两国教育"走出去"与"引进来"。

云南经贸外事职业学院很早便与印度韦洛尔理工大学(VIT University)、维纳雅卡大学、班加罗尔大学(UB)在计算机专业、航空技术、生物技术、医学等方面开展了友好教育交流合作。2013年6月,印度夏尔达大学与武汉光谷职业技术学院洽谈合作,同年10月与武汉航海职业技术学院签订了合作办学协议,在信息工程、计算机、旅游、航海技术等多学科领域开展合作。2013年11月,吉林电子信息职业技术学院的信息技术学院、国际交流学院、信息化教育中心的12名教师赴印度进行为期2个月的学习培训,主要培训模式为公司化培训。主要培训公司为MICROSOFT、CISCO、IBMCLOUD、ACCENTURE等全球知名公司,内容包括云托管、云安全、获取私有云、云计算、图形图像处理、服务外包等。

2015年,西安外国语大学在学分互认、指定相关必修课的基础上,联合北京大学、上海外国语大学以及阿联酋、伊朗、印度、巴基斯坦等国的知名高校,签订"1+1+1""2+3"、远程教育、合作研究等模式的本科生和研究生培养协议。学校还邀请用人单位参与教学过程,采取前期教学参与、中期入驻实践、后期联合评估的方式,优化共同培养模式。

2016年天津职业院校先后在泰国、英国、印度、印度尼西亚、巴基斯坦、柬埔寨、葡萄牙、吉布提建成8个鲁班工坊。2019年参加鲁班工坊与产教融合国际论坛的除了上述国家外,还有德国、俄罗斯、南非等15个国家的代表。

北京交通大学充分发挥轨道交通领域学科优势与特色,聚焦"一带一路"沿线国家对高速铁路专业人才的需求,"订单式"培养铁路建设、运营及管理人才,深入做好轨道交通培训任务,为推动"一带一路"基础设施互联互通提供有力支撑。在服务当前中国铁路"走出去"的过程中,该校充分发挥轨道交通领域教育培训"历史长、门类全、条件好、经验多"优势,围绕铁路和城市轨道交通两个领域,与国际行业组织及国内行业单位合作,构建轨道交通行业培训体系,面向全球轨道交通行业提供培训规划咨询、行业标准研究、技术创新交流和知识技能传递等专业服务。承担国内政府部门和企业,以及国外政府及教育机构委托的铁路涉外培训任务,已为非洲的坦桑尼亚、肯尼亚等8国、亚洲的印度、巴基斯坦、泰国等14国,南美洲的巴西、秘鲁等国,进行普速客货混行铁路、重载铁路、高速铁路的规划建设和运营管理培训,精心设计课程,切实完成培训目标。

二、"一带一路"背景下中印教育交流合作的不足

（一）两国学生之间流动不平衡

从学生的国际流动方向看,印度来华留学人数远远多于中国赴印度留学的人数,中印两国学生流动呈现巨大逆差。2009年中国在印度留学人数约2000人,远远小于印度来华留学规模。2015年印度来华留学人数达1.6694万人,然而,中国赴印度留学人数却远远不及印度来华留学人数多。2015年中国出国留学人数达52.37万,但是赴印度留学人数不足万人。随着经济实力的不断提高,我国接纳的留学生人数逐年增多,尤其是近些年随着"一带一路"倡议的不断推进与发展,我国逐渐成为亚洲最大的留学目的国,来华留学生规模趋于稳定,层次显著提升,学科分布趋于合理。2016年印度来华留学生人数为1.8717万,位列当年度来华留学生生源国第五。2017年共有48.92万名外国留学生在中国高等院校学习,其中印度留学生人数仅次于韩国、泰国、巴基斯坦和美国,位列来华留学生生源国第五。2018年印度来华留学生上升至第四位,有2.3198万人。印度留学生到我国留学则更加倾向于医学、计算机以及铁路及高铁建设等相关专业。印度在计算机科学及软件工程、人工智能等方面有十分强劲的研究基础及实力,我国留学生赴印大多选择相关专业进行学习或深造,也有部分留学生选择医学等方向进行研究和学习。

（二）教育合作层次单一

从中印教育交流合作的层次来看,多集中在高等教育,高等教育以下的合作项目较少。而高等教育中达成合作意向的多,真正实施战略合作的并不多。而学校与企业在中印校企合作的参与度并不高,主要是印度塔塔集团、印度NIIT等公司与中国高校在积极开展合作。塔塔集团是印度最大的工业集团公司,也是世界500强企业。同时是亚洲第一大软件公司,世界500强企业中90%都是其客户。2012年塔塔信息技术(中国)股份有限公

司与黑龙江外国语学院、哈尔滨师范大学、黑龙江东方学院、哈尔滨理工大学远东学院4所高校展开合作。成立于1981的印度NIIT有限公司是首家进入我国的印度IT企业,专事IT人才培养的政府间合作项目。2013年与青岛大学实施嵌入式高校合作项目后取得不错的成绩。

1. 政府建立协调机制,完善组织机构设置和合理的权力配置不够

完善组织机构设置和合理的权力配置是实现中印国际教育合作的基础,应依据立法机构和相关条例展开完善教育合作组织决策机制。合作教育是我国教育合作与交流的重要内容,是国家整体外交工作的有机组成部分。合作教育协调机制立足当前,着眼长远,是贯彻落实教育规划纲要精神。中印应协调好机制各成员单位,在"加强管理,统筹协调,保证质量,服务大局"的方针指导下,在合作教育模式工作中加强协调,加强调研,理清思路,形成合力,推动新时期新形势下中印教育合作工作持续、健康发展。

2. 政府方面的战略远见、政策创新及资源投入不够

世界范围内,近20年来教育发展的一个重要趋势,是在教育规模和质量快速提高的背景下,民营教育在各级各类教育中的作用日益重要。在基础教育领域,"政府定制、民营提供"的公私合作模式发展较快、成效较好。中印教育合作也应基于明确合作目标(也称产品定制)进行公私安排。在高等教育和职业教育领域,中印两国的公立教育机构与民营机构进行公私合作办学,政府应在战略、政策和经费等方面进行积极的引导与扶持。

中印进行公私合作模式在教育领域需要进行多样化应用,既应用"强强联合"类项目,也应用借助民营力量投入薄弱地区教育发展的"扶危救困"类项目,还应用帮助民营教育机构提高质量、扩充办学规模的"扶植引导"类项目等。以上这些项目的成功实施需要双方政府各方面的战略远见、政策创新及资源投入,此外民营机构在专业技术、组织管理以及人、财、物等方面的资源也很关键。

(三)教育交流领域不广

中印教育交流领域主要在信息技术、医学、高铁与语言几个方面。前面

已经谈到过,由于印度的信息技术发达,而中国近几年来的高铁技术取得了极大成就,中国与印度的交流主要是引进信息技术,推出医学、高铁等优势学科。语言是双方合作的基础,语言教育交流应当走在前端,为其他方面打下坚实的基础。目前,印度拥有一批较强的汉语教学实力的大学教育机构,拥有大批汉语语言培训单位和教师,在印度已建成4所孔子学院。虽然在印度近年兴起了"汉语热",但目前印度汉语教学还面临着不少困境。

自1942年,我国开始开设印度语学科,进入19世纪70年代,我国的印度学研究队伍逐渐壮大,研究资源得到了有效的整合,不断涌现出了大量专业人才和研究成果。进入21世纪,中国的印度学研究持续快速发展。北京大学于2004年开设孟加拉语课程。北京外国语大学先后于2006年和2007年开设印地语和乌尔都语专业。西安外国语大学于2006年开设印地语专业。云南民族大学、广东外语外贸大学、上海外国语大学于2011年开设印地语专业。但印地语专业当前依然是一个小众专业,存在着专业体系不够完善、不被重视等问题。中印合作办学项目及孔子学院国际人才的培养也面临着数量不足、专业单一等问题。如中国开设印度语专业的高校数量,以及印度开设中文专业的高校数量都仅占本国高校数量的百分之几,而且受师资及教学水平的限制,每所学校每年培养的语言人才非常有限,这造成互通两国语言的人才极度紧缺。而且,中印合作办学项目只有4个,仅占"一带一路"沿线国家合作办学项目(200个)的2%,而且主要培养计算机技术及生物科技方面的人才,人才数量及类型不能满足"一带一路"建设对复合型国际人才的需求。

(四)教育交流程度不深

中印两国高层次间的合作在近年来虽有逐渐增多的趋势,但在合作层次上依然停留在友好互访阶段,达成高层次的合作战略极少。例如,2003年教育部副部长章新胜应邀赴新德里出席联合国教科文组织"文明间对话"国际会议并发表讲话,其间,会见了印度教育部部长,双方就加强两国教育合作与交流问题交换了意见并达成共识。2010年教育部部长袁贵仁会见来访的印度人力资源与开发部部长卡皮尔·希巴尔一行。双方就加强两国教育交流与合作交换了意见。2014年教育部副部长郝平在会见新任印度驻华大使康特时表示,愿意在建立中印教育联合工作组机制、扩大学生双向交流规模、开展职业教育合作、商签学历学位互任协议及新一轮教育交流协议、加强语言教学和师资培训等方面,进一步推进中印两国在教育领域的合作。2017年教育部长陈宝生会见了来华出席第五届金砖国家教育部长会议的印度人力资源发展部部长雅瓦德卡尔,双方商定,将共同努力,促进双边教育合作。

此外,中印两国合作交流平台多靠非政府、民间力量搭建起来,到目前为止政府层面的交流合作平台不多,如中印高等教育部长级会议、中印高等教育论坛、中印高等教育联合声明等诸如此类的高层次合作交流平台。两国高等教育交流与合作始终停留在民间、校级层次上。从交流的内容来看,以交流两国高等教育发展的经验教训为主,论坛下达成的合作协议中直接涉及两国学生、教师、课程、科研项目等具体合作方面的内容非常少。

(五)中印相关研究中的不足

一方面,中印教育交流合作的相关研究较少,我国的印度研究主要集中在印度文化、艺术、历史、语言、考古学及宗教等方面。例如,有文富德、李涛、张力等主编的《中印缅孟区域经济合作研究》是南亚前沿问题研究丛书,主要讲解了中印缅孟区域即中国的西南地区、印度的北部和东北部地区、缅甸和孟加拉国等的经济合作情况;陈利君等编著《中印能源合作战略与对策研究》主要探讨了中印能源合作方面的战略以及对策;王宏纬的《当代中印关系述评》展望了中印关系的可持续发展;王晓文和李宝俊的《中印关系的现实困境:原因及前景分析》概述了当前中印关系发展中所面临的现实困境,并对造成这些困境的原因做了详细分析,对中印关系的发展前景做了相关预测;王嵎生的《中印携手空间无限》通过两国领导人上台以后的政策导向、学者态度、民间声音分析中印两国合作具有4个方面的坚实的基础,得出中印两国携手合作必将空间无限。自"一带一路"倡议提出后,中印合作的相关研究逐渐增加,但是仍然缺乏与教育相关的研究,多数聚焦在"一带一路"倡议下印度的态度,如刘祖明、王怀信发表在《当代世界与社会主义》2015年第4期上的《"一带一路"背景下中印两国"认同"利益的建构分析》、杨思灵的《印度如何看待"一带一路"下的中印关系》、林民旺的《印度对"一带一路"的认知及中国的政策选择》,冯乃康、李杨的《"一带一路"倡议下中印能源合作前景浅析》、陈菲的《"一带一路"与印度"季风计划"的战略对接研究》等。

另一方面,研究机构自我造血能力不足。设立研究中心是两国增进理解、加强沟通的重要途径。据不完全统计,中国的印度研究中心共有6所。印度国内比较著名的中国研究中心有印度中国研究所、德里大学中国研究所、尼赫鲁大学国际关系学院等。然而一些研究机构存在自我造血能力不足的问题,其经费来源及研究队伍补给仅仅依靠政府支持,因此机构运行比较缓慢。同时,中国印度研究中心主要分布在与印度交往甚密的云南、四川、广东、北京、上海等地,从分布范围上来看还算合理,但是各研究中心之间的交流合作甚少,彼此之间呈分立状态,从而导致各研究中心的研究内容有所重复,严重影响我国印度研究水平的提升。从两国的研究合作方式来看,中印两国国别研究中心之间暂无交流合作的平台,在一定程度上阻碍了研究机构的国际交流。

(六)办学地域分布不合理

中印合作办学地域分布较广且呈现"东多西少、地域不均衡"态势。我国东部地区中印合作办学起步早、数量多、发展快,而西部地区经济相对落后,中印合作办学活动明显滞后。西南地区云南与印度在教育方面交流最为密切,但在办学质量与规模上总的来说不如东部地区。

(七)中印留学生面临诸多困难

印度大学的教学语言为英语,学术管理体系比较严谨,但是学费远比英美国家低廉。随着中印两国间经贸往来和文化交流的增加,印度对中国学生的吸引力也进一步显现。印度在计算机信息技术领域的研究位居世界前列,拥有印度理工大学等一批世界知名的高水平大学。与快速发展的印度来华留学生教育相比,我国赴印度留学生的数量相对较少,主要集中在新德里、孟买、韦洛尔、海德拉巴和班加罗尔等地。其中,公派生在尼赫鲁大学、德里大学、中央印地语学院等公立大学学习语言文学的较多,自费生则多分布于印度南部的知名私立大学。我国学生赴印度留学,不仅要面对学业的挑战,更要适应当地的生活环境。

1. 中印之间尚未签署学历学位互认协议

国家间通过友好协商和质量评估,以国家信誉作为担保的方式,提供对方国家认可的教育机构名单,承认学生在对方国家获得的学位有效,是一种国际通行的做法。目前,我国已经与46个国家和地区签署了双边学历学位互认协议,但是尚未与印度就互认高等教育学历学位达成一致。由于国家间的教育制度不同,需要统一标准、对教育质量进行评判,从而使学生能在不同的教育体系下实现学习的有效衔接,确保留学生的权益。印度官方承认的外国医学院校名单中,不含中国大陆的高等院校,在中国学医的印度学生需要回国参加取得外国文凭的医师资格考试。我国在印度取得学位的学生,回国后可以到出国留学服务中心进行认证。我国与印度政府就学历学位互认问题进行了多轮磋商,一旦签署正式协议,将有利于促进双向留学生教育的发展。

2. 基础设施不够完善,气候、饮食难以适应

印度的很多城市基础设施建设缓慢,像新德里这样的大城市,经常出现短暂的停水停电现象。印度城市的公共交通普遍缺乏管理:火车常常不能准点,公共汽车在行驶时不关车门,火车和公共汽车顶上可以坐人,大街上还有"神牛"在随意散步。这样的交通出行环境很容易让留学生产生缺乏安全感的直观印象。印度大部分地区属于热带季风气候,终年高温,雨季来临时则常伴有洪涝灾害。印度的饮食种类很丰富,大部分地区习惯以口味较重的咖喱为主,用右手直接食用。因为宗教信仰的关系,素食也比较普遍。大多数赴印度的中国留学生都需要面对不同饮食习惯的挑战。由于学业紧张,不可能每天自己做饭,有的宿舍也没有做饭的条件,从来不曾用手直接吃饭的学生,首先需要克服这个心理上的障碍,适应当地的饮食习俗。印度的种姓制度历史渊源已久,因果轮回的宗教意识又极大地安抚了民众的灵魂,使人们对于贫民窟旁边就是宛若人间仙境的豪华住宅区习以为常,中国学生则对这种天堂和地狱一墙之隔的现状感到不可思议。

3.签证制度苛刻,留学信息不畅

签证是影响中国留学生赴印度学习的一个主要障碍。虽然当地大学希望招收更多的中国留学生,获得入学录取资格比较简单,有的私立大学还提供奖学金,但是印度政府对于中国留学生的签证管理极为严格,留学签证一般只给3个月,随后需要在当地延期。即使是已经到印度学习一段时间、分散在各邦的中国留学生申请延期,申请材料也要集中到新德里审核。这种延期审核非常消耗时间,有的学生仅仅是申请延期3个月,办手续的等候时间就需要3个月。同样的留学签证,印度对待日本等国家就非常宽松,可以发放多次往返签证,而且提供简便快捷的服务。这种差别对待,人为地消耗了中国学生赴印度留学的热情。印度驻华使馆官员在接受中国媒体采访时指出,印度的每所大学自主决定招生政策,没有全国统一的标准,因此,使馆只能给一些宏观的建议,无法帮助学生直接联系大学。中国学生如果是自费留学的话,只能根据自己的兴趣和专业特长,自行联系印度的大学,根据不同学校的要求准备材料。在中印之间教育交流还不足的情况下,获得印度大学信息的正规渠道非常有限,这无疑也增加了入学申请的难度。

第七章
对"一带一路"背景下中印教育交流合作的建议

一、构建中印教育人才交流与合作机制

（一）完善组织机构设置和合理的权力配置

加强多元参与中印教育交流与合作是实现中印国际教育合作的基础，应依据立法机构和相关条例展开完善教育合作组织决策机制。教育交流与合作协调机制应立足当前、着眼长远，贯彻落实教育规划纲要精神。中印应协调好机制各成员单位在"加强管理，统筹协调，保证质量，服务大局"的方针指导下，在教育交流合作模式工作中加强协调，加强调研，厘清思路，形成合力，推动新时期新形势下中印教育合作工作持续、健康发展。

首先，两国政府应该高度重视教育交流与合作对"一带一路"倡议的助推作用，不断增强交流合作意识，加强政府间交流与合作沟通。如两国教育部定期举办"教育部部长会议"，交流两国高等教育发展情况，明确两国高等教育交流合作的方向；制定《中印教育合作计划》，签订《中印学历互认协议》，不断完善《留学生权益保障措施》，为深入推进两国教育政策互通提供建议与服务。其次，充分利用已有的双边、多边交流合作机制与平台，签署更多的双边、多边教育合作框架协议，谋求两国教育领域的深度交流与合作。再次，整合双方优质教学资源、师资力量、科研成果等，合理规划两国教育的交流与合作进程及目标，制定中印教育交流与合作的时间表和路线图，推动弹性化合作进程，构建"一带一路"中印教育共同体。

（二）开创两国教育高层交往新模式

1. 建立中印教育高级别人才交流机制[①]

建立中印教育高级别人才交流机制是促进两国关系全面发展的一项重

---

① 周武英. 建立中印教育高级别人才交流机制 [N]. 经济参考报，2019-10-11.

要措施。建立中印教育高级别人才交流机制不仅是把两国领导人达成的共识付诸实践的重要一步,也是促进两国关系全面发展的重要一步,并将成为实现东方文明复兴的重要平台。中印教育高级别人才交流机制的建立有助于加强双边关系发展的舆论基础,促进双边关系的健康发展,推动不同文明间的和平共处,从而携手维护世界和平与稳定。

2. 加强多元参与中印教育交流与合作

中印两国教育交流合作共赢存在着巨大的机会和潜力。目前中国和印度都面临产业升级,也都需加快科技进步。为此,两国必须进一步发展高等教育和职业教育,提高高等教育普及水平和知识型、技能型人口的比例。而中印人才的优势互补性较强,合作潜力较大。双方还可以进一步加强多元参与中印教育交流与合作,进一步开展中印全民继续教育、岗前培训、家庭与社会教育、社会力量办学等领域的合作。双方可在平等互利基础上为社会力量办学通过 PPP 模式参与办学基础设施建设创造条件。印度在电信和交通基建教育领域有巨大的投资机会,在环保教育领域面临着与中国相似的问题,印度同样期待能与中国在多元社会力量办学和新智能教育方面展开合作。两国在高校、高科技教育领域的合作机会已令人瞩目。

3. 通过教育交流,加强中印教育产业发展合作

为了配合 5G 技术发展,中印应将彼此的硬件和软件优势对接,以扩大在全球的覆盖范围。双方还可以商定建立多层次、更广泛的教育培训沟通渠道,加强在教育战略、教育政策和教育科研等方面的交流对接,以第五代移动通信、人工智能、物联网领域为重点促成一批标杆教育合作项目,积极营造良好环境,为双方教育产业发展提供便利。未来加强双方教育产业发展合作,实现互利共赢仍应是两国教育交流与合作的主旋律。两国携手合作,不但能助力彼此发展,而且有助于推动世界多极化和经济全球化进程,维护发展中国家共同利益。

4. 营造"龙象共舞"舆论氛围,扩大人文教育交流领域

作为不结盟国家,中国和印度坚持独立自主的外交政策。当前,中印都处于发展的重要节点,中国特色社会主义已经进入新时代,印度也提出了建

设"新印度"目标。中印两国有超过27亿人口的大市场,双方在教育、贸易、投资、基础设施、信息技术、互联网、文化旅游、医疗健康等众多领域都有广阔的合作空间。

在人文教育交流领域,建立中印教育高级别人文交流机制,大力促进人员往来,形成中印文化教育交流新高潮。中印教育高层应达成一系列重要共识,双方在文化教育交流与文物保护、教育合作与语言教学、旅游合作与人员往来、青年互访与体育交流、媒体交流与舆论环境、学术交流与合作等多个重要领域,开展丰富多彩的交流活动,使两国广大民众真正从中受益,同时吸引两国更多青年和各界人士投身中印教育友好交流的伟大事业,为实现"龙象共舞"营造更加良好的舆论氛围,并夯实民意基础。

以中印人文教育合作为起点可增进不同文明之间的交流,进而在全球范围内推广不同文明、不同文化教育之间的和谐相处模式。全球治理不仅需要各国在经济方面开展合作,更需要各国增加人文教育交流,让各国人民在交流中加强相互理解,建立更加深厚的友谊。中国和印度是人口大国,也是人才大国,因此扩大中印教育合作,推动人才交流发展对增进两国之间的理解互信具有重要作用。

此外,智库交流等民间对话也是推动中印教育交流的有效途径。如"丝绸与香料之路对话"这类智库交流活动,可为中印两国各界精英交流搭建有效平台,使其在交流中提升合作互信,从下而上推动两国在全球治理中进行深入合作,发挥更大的作用。

二、构筑多样化合作模式与载体

(一)中印可进行公私合作模式

世界范围内,近20年来教育发展的一个重要趋势是在教育规模和质量快速提高的背景下,民营教育在各级各类教育中的作用日益重要。在基础教育领域,"政府定制、民营提供"的公私合作模式发展较快、成效较好。中印教育合作也应基于明确的合作目标(也称产品定制)进行公私安排。在高等教育和职业教育领域,中印两国的公立教育机构与民营机构进行公私合作办学,政府则在战略、政策和经费等方面进行积极的引导与扶持。

(二)"中印教育+"模式,促进多边合作共赢

加强中印两国在周边地区的教育政策协调,开展"中印教育+1"或"中印教育+X"的合作形式。[1]"中印教育+"合作模式具有现实意义和客观需要,这种合作新模式可复制,也可拓展到南亚各个国家,这有利于增进中印互信,实现多方共赢。在当前国际形势发生深刻变化、不稳定性不确定性增强的背景下,中印关系具有突出的全球战略意义,两国在全球治理等方面具有很多共同利益、共同关切、共同主张,国际社会亦期待中印关系的全局性和长期性稳定发展。"中印教育+"合作模式不仅能够增进两国教育界和国家领导人的互信和友谊,引领中印关系把握大方向,更加有助于推动中印教育交流关系的发展,在造福两国和两国人民的同时,也对地区和世界的和平与发展产生重要积极影响。

(三)建立优势互补的个性化教育合作模式

个性化教育是指通过对被教育对象(包括个人和企业)进行综合调查、研究、分析、测试、考核和诊断,根据社会环境变化或未来社会发展趋势、被教育对象的潜质特征和自我价值倾向以及被教育对象的利益人(个人的家长或监护人、企业的投资人或经营者)的目标与要求,量身定制教育目标、教育计划、辅导方案和执行管理系统。中印在教育发展合作方面,还应注重个性化教育,从挖掘个体的潜能角度进行合理的教育办学合作。

(四)远程教育合作模式

1.目前远程教育合作的几种主要形式

第一,"开放大学型远程教育合作文化体制形式",比如英国的开放大学

---

[1] 杨凡欣."中印+"模式促进多边合作共赢[2019-03-08]. http://www.myzaker.com/article/5c820a8d77ac6435504f92c4.

（OU），这类大学的管理方式一般是扁平化的，包括全国13个地区的学习中心和352个分布在全英和整个欧洲的海外学习中心。

第二，"教育中心型远程教育合作文化体制形式"，例如法国的国家远程教育中心（CNED），这个机构由法国教育部创办的，属于远程教育的机构，通过开设网络视频进行网络授课，它和许多地方的远程教育中心都是相通的，为学生提供了注册程序、课程介绍的学习机会，为了保障多种学历的教育工作的正常进行，它还与普通高校合作，如今它已经占据了远程教育机构的半壁江山。

第三，"公共服务型远程教育文化体制形式"，例如美国的国家技术大学（NTU），它通过网络将大量的美国优秀教师会聚起来，积极主动地研究学习这些大学的优秀课程资源，为在职技术人员设计硕士学位教学的计划，进行工程师的继续教育。中印教育的合作模式应参考以上成功的发展模式，根据两国的整体教育形态和样式，建立更为有效合理的教育模式，为办学工作的顺利进行拓宽双方的合作机制。

2. 在中外合作教学中应用分布式远程教学平台

教育国际化是当今世界教育发展的潮流，中外合作教学已成为教育国际化的一种模式。分布式远程教学平台软件是合作模式实现的技术基础。远程教育是实现中国教育跨越式发展的有效途径，网上教学和远程教育正式成为高等教育的重要组成部分。合作模式是充分发挥资源优势、提高办学效率及效益的一个很好的模式。分布式远程教学平台软件是合作模式实现的技术基础。

现代远程教育基本方式可视为教学资源经过办学体系这个桥梁与受教育者交流。现代远程教育资源有广义和狭义之分，从广义上讲，应包括远程教育的所有教育教学资源、人力资源及物力资源等；从狭义上讲，主要是指教学资源，而教学资源的建设又被视为现代远程教育工程建设的核心。办学体系是指办学实体，该实体应拥有现代远程教育的基本设施，如网络教室、实验室、图书馆、音像中心等，还应有一支训练有素的、具有远程教学及管理经验的、能提供良好支持服务的队伍。

三、加强基础教育阶段学生的国际流动

（一）鼓励更多中国学生走出国门

在进一步推进中印两国人员往来过程中,我方既要继续吸引更多的印度学生来华留学,同时还要鼓励中国学生赴印度留学,尤其是在基础教育阶段,两国应当加强教育交流,坚持人才"引进来"与"走出去"并举。一方面,我国要不断提升留学教育质量、完善本国留学生教育体系及留学生奖学金体系,以吸引更多的印度学生来华留学,为"一带一路"建设培养更多知华友华的建设者。另一方面,我国还要加大对印度教育及高校的宣传力度,以国家公派留学为引导、自费留学为主体,鼓励更多的中国学生走出国门赴印留学。同时,在印度设立中国留学人员管理服务基地,保障中国留学生在印度的学业进展及人身安全。

（二）基础教育阶段学生国际流动"三个维度"的思路和建议

鉴于目前基础教育阶段学生(基础教育)国际化尚存的主要问题:政策缺失、管理真空、层次不高、意识不够、发展不均衡等,同时基于管理指导实践的研究意图,提出三个维度的思路和建议:管理制度规范化、人员流动多元化、课程设置融合化。

首先是管理制度要规范化。一是要从政策制定层面,立足国情,特别是在国际课程、外籍教师管理、留学中介管理等方面,出台行之有效的政策措施;二是建立教育国际化评估体系,鼓励特色和差异发展,以点带面全面推动成都基础教育国际化。

其次是人员流动多元化。避免浅层次、单方向的交流,广开渠道,推动多种形式和层次实现共赢。

最后是课程设置融合化。既应该重视外语教学和双语教师的培养,同时也应该利用中外文化资源差异,丰富课程内容,尤其是重视国际理解教育的内容。

另外,要重视现代信息技术的运用,可以做到更简洁、更直观的交流与融合。

（三）建立和完善留学生流动服务体系

在国际经济联系与合作日益紧密的今天,世界各国越来越将文化和教育交流视为增强其全球影响力和实现政治利益的有效途径,并将接受培养中小学生和培养外国留学生作为其全球发展战略的重要组成部分。随着我国改革开放的进一步深入和入世后对国外教育的放开,众多学子选择走出国门继续深造,中国海外留学生的数量在近几年成倍增长,学生成分出现多样化趋势,随之而来的问题也日益凸显。留学教育质量参差不齐,学生利益无法得到保证;"学而不归"导致人才流失,教育投资回报受到影响;出国留学安全问题不容乐观;在学生流动过程中出现的诚信缺失问题严重。

中国作为世界上目前最大的国际学生输出国,学生流动的数量和质量对中国及其他相关国家的政治、经济、社会、文化等各方面都产生较大的影响。加强中国学生国际流动的风险防范,有利于建立稳定的世界学生流动市场,推动其健康发展。

国际学生流动带来的潜在风险,包括人才流失风险、预期收益风险、教育质量风险、人身安全风险及声誉风险。要分析导致中国学生国际流动的风险的根源包括教育根源、制度根源及社会根源,要构建国际流动风险的防范体系,从政府、院校及学生个体视角提出具体的防范措施体系。这些防范体系包括建立跨境教育质量保障体系;完善留学中介市场监管体系;建立和完善学生流动服务体系以及学生国际流动风险个人防范体系。①

四、扩大合作规模,提升人才培养质量

（一）"一带一路"建设需要复合型人才

在"一带一路"构想背景下,中印两国应一方面增加现有项目的招生人

---

① 方守江.中国学生国际流动:驱动力及风险防范[D].上海:华东师范大学,2010.

数;另一方面应结合"一带一路"建设需要积极探索新的合作办学形式。如鼓励两国高校加强交流合作,联合举办更多合作办学项目;开展学位联授互授项目,共同开展国际科研项目;联合设立培训中心、培训基地,开展职业教育和培训项目,联合培养中印急需的各类"一带一路"建设人才。此外,还应该鼓励两国具备条件的高校赴境外开办海外分校。一方面,要采取开放包容的态度,吸引印度高水平理工高校来我国举办分校,并为其提供政策、资金及人员的帮助。另一方面,要鼓励我国高水平大学赴印度举办海外分校,鼓励我国优质职业教育配合高铁、电信运营等行业企业走出去,赴印度设立职业院校、培训中心,探索多种形式的境外合作办学模式,培养"一带一路"建设需要的复合型人才。

(二)开发边境国门大学

中印合作办学面临的主要困境:发展规模小、层次低,结构不平衡,国际化师资、国际化课程、质量保证体系、优质生源缺乏等问题。应在国内外经验借鉴基础上,坚持自身特色,结合自身优势,建立高校联盟和成功经验分享机制,扩大办学规模,并重点开发边境国门大学。主动服务于"一带一路"战略,增强与印度社会各界的交流。高校自身也应主动转变观念,提高学校的自身办学水平和国际化水平,主动投入到中印合作办学中去。

(三)课程设置保留中国元素,借鉴国际高中多样化发展

1.国际高中与国际项目需要保留中国元素[①]

只有坚持我们特有的东西才能让中国学生在海外依旧保持竞争力。基于这一理念,国际高中无论在课程设置,还是课外活动的设计上,都要着重强化中国特色,突出中国学生的优势。比如,我们除了开设双方的课程,还应自行设计适合中国学生的课程体系。一方面强化语言和双方要求的所有课程;另一方面照常开设语文、政治和历史课,并适当增加数理化的课时,让

---

① 孟婍.中学办学国际化管理策略研究 [D]. 北京:中央民族大学,2015.

中国学生在自己擅长的学科上继续保持优势。对此,有些家长不太理解,认为反正已经决定出国读书了,为什么还要学这些"用不上"的东西。但事实恰恰相反,在国外说一口流利的英语很平常,只有中国学生擅长而其他国家学生不会的东西,才能形成核心竞争力。又如,在课外活动的设计上,既能满足西方英语系大学对申请人的要求,又能结合中国国情。

带领学生广泛参与国际组织的各种项目,担任中方调研员,让学生在参与活动的过程中,接触到真实的社会,学会全面、客观、多维度地看待问题。国际高中的学生还有大量参与国际赛事、国际性交流的机会。通过参与这些高质量的课外活动,提升学生们的能力、展示才华,才能与名校的标准越来越近。

2. 中外课程的设置是提升人才培养质量的关键

作为中国人,我们可能会非常担心由此带来的教育主权和教育目的问题。但现在我们对教育主权的界定还很模糊,比如是否基础教育都要学习我们自己的课程才是拥有教育主权。教育主权在法律上应有明确的界定。此外,我们对教育目的的表述应该是培养合格的公民。一些人非常担心外方课程设置比例过高,使得学生丧失自有文化传统,甚至认为这是在为外国培养人才。笔者认为我们应以积极、开放的心态来看待这些问题,教育问题本身就含有多元文化的影响,而且这种多元化的影响是必然的,就像国际主义和爱国主义是相通的一样。我们不应该过于强调中国文化,以为中国文化就必须是最大的。在课程的设置比例上,在保证外方课程完成的同时,认真思考中方课程的设置,在课时非常紧张的前提下,既要保证完成基本的普通高中学业考试标准要求,又要最大限度地对外方课程有所补充。

3. 借鉴国际经验,在高中学习大学的课程,提升人才培养质量

国外的高中可以学习大学的课程,他们的高中和大学衔接得非常好,而我们的高考就像一个关卡,把高中和大学截断了。加拿大的高中课程设置,非常关注学生的兴趣爱好及今后的职业规划,在选修和必修课的选择上,给予学生最大的自主权。而我们因为高考的原因,高中课程设置对所有学生都一样宽、一样深,所谓的选修,不过是形式而已。

国际高中值得借鉴的地方,最主要的还有一点,那就是教育的理念。新

课改要求老师改变我们的教育教学理念,以学生为本。我们现有的高中课程设置过宽过难,能适应这种课程的只是一部分学生,而不是全部,所以要允许偏科的存在,促进高中课程的多样化。

五、社会力量广泛参与建设教育智库联盟

党的十八大以来,中国各类智库在咨政建言、理论创新、舆论引导、社会服务、公共外交等领域扮演日益重要的角色。在中印交流与合作中,智库更是起到了重要作用。中印教育智库可以建立联盟,搭建平台,以便更有效地促进双方交流合作。然而中国教育智库目前研究视角的问题意识与政策导向有待加强,研究内容的实践基础与实证分析有待验证,研究范式的应用创新与交叉协同有待突破,研究成果的整合集成与国际影响有待提升。如何将分散的各地各类教育智库资源进行科学定位、统筹协调,实现中国教育智库整体研究的质量提升、深度挖掘、影响广泛,以教育智库创新促进教育决策创新,是当前亟待解决的重要问题。

(一)要加强教育智库联盟常态化建设

加强智库联盟常态化建设的几种方式。

(1)信息服务。教育智库联盟要建立文献、信息收集系统,广泛收集国内外最新的教育研究动向、成果和经验等进行推送,为会员提供信息服务。

(2)成果分享。为联盟会员建立知识分享平台,会员可在平台发布或购买研究成果,使平台为成果推广与交易提供服务,可收取管理费。

(3)成果转化。为联盟会员提供成果转化平台,建立长效的内外部对话合作机制。一方面协助其研究成果精准对接产业需求项目;另一方面将已有研究成果作为创新创业项目,或为其行业推广提供支持服务。

(4)课题协同。联盟会员可在平台发布人力资源需求信息,平台根据其课题研究需求协助推荐相关专家,提供智力支持。如开展课题研究及调研、专家论证、结题鉴定等一系列服务。另外,为满足国家重大教育政策研究需

要,将在会员间组织跨领域、跨学科、跨层级的研究团队,共同开展国家急需的战略性重大课题研究。

（5）会议协同。联盟会员可在智库网上发布机构动态、会议通知等信息,扩大信息发布渠道,提高教育智库网络影响力。

（6）主题交流。联盟组织各类沙龙、交流参访、研讨会、年度峰会等,并承担与国外智库的交流活动,促进智库间互相学习,资源共享；另外,联盟会员还可委托智库网及联盟举办专题研讨会,调动智慧资源高效解决问题。

（二）中印教育智库合作,促进两国教育共赢发展

加强中印教育智库合作,有助于推动两国共赢发展,也将有力地促进全球经济的繁荣与可持续发展。

第一,中印教育智库合作有助于扩大市场。通过智库合作可以使两国市场在更深的程度上结合,形成一个超大规模的区域市场,不仅两国既有的比较优势可以得到充分发挥,而且可以不断创造出各自新的比较优势,使两国在全球竞争中居于更加有利的地位。

第二,中印教育智库合作有助于推动全球治理体系的不断完善。现在,全球化出现了一些负面影响,少数主要经济体在全球公共事务中开始推卸责任,甚至采取逆全球化的政策措施。中印加强合作,共同捍卫和完善多边体制机制,推动新型全球化是两国共赢发展的需要,也是全球可持续发展的需要。

第三,中印教育智库合作有助于进一步提升双方的基础设施水平。中国已经形成比较强大的基础设施建设施工能力和一大批跻身全球顶级国际承包商的企业,印度在客车智能化服务设计等基础设施建设和管理领域也有一些优秀的工程师。两国发挥各自优势,相互参与对方的基础设施建设,可以加快各自的基础设施现代化进程。

第四,中印教育智库合作有助于分享两国发展经验。2013 年以来,中国先后设立了 11 个自由贸易试验区,在此基础上形成大批改革创新经验已在全国范围内复制和推广。印度提出三年行动计划,将在印度东、西岸设置大型经济特区。中印加强合作,分享两国关于发展特区、园区等发展实践和发展理论,将有力促进两国经济平稳健康可持续发展。

（三）中印教育智库深度对话，为两国发展出谋划策

中印教育智库的深度对话有利于两国高层次的交流，正如中国国务院发展研究中心—印度国家转型委员会对话会的举办。在 2018 年 11 月举行的第四届对话会上，双方认为当今时代既面临着前所未有的机遇，也面临着前所未有的挑战。一方面，繁荣稳定、持续发展是各国政府和人民共同的奋斗目标，开放合作、互利共赢的理念深入人心，共商共建共享的全球治理观是绝大多数国家特别是发展中国家的共识和意愿，和平与发展仍是时代的主题。另一方面，霸权主义、"逆全球化"对国际秩序和全球治理体系形成全方位、多层次冲击。①

中印是全球两个最大的发展中国家，是拥有 26 亿人口的巨大市场，是世界经济发展的重要引擎和中坚力量。中印智库应携手同心，积极作为，深化改革，扩大开放，抓住新一轮技术革命推动的生产方式变革与全球产业分工格局变化的机遇，推动两国经济可持续高质量发展，高举经济全球化大旗，坚决维护全球多边贸易机制，推进国际治理机制有序变革，防范国际经济金融风险，为建设稳定、发展、繁荣的 21 世纪亚洲和世界作出应有贡献。

中印两国作为友好邻邦，在解决发展问题中都积累了丰富的经验，有很多宝贵财富值得双方相互学习借鉴。中国国务院发展研究中心与印度国家转型委员会要进一步深化交流合作，发挥各自优势，开展联合研究，为两国发展出谋划策。中印高端智库对话，能增进双方对国情特别是经济社会发展情况的相互了解，深化大家对国际经济形势和中印经济合作前景的认识，并在此基础上提出推进两国经济合作的一系列建议。②

第一，高端智库对话可相互了解全球经济形势。推进中印两国发展和合作，需要准确把握全球经济形势。专家们通过深入分析认为，当前国际经济形势的错综复杂、机遇和挑战并存，中印两国作为新兴市场国家，在发达国家经济疲软的情势下，未来仍具有竞争力，仍有可能继续提升在全球经济

---

① 第四届中国国务院发展研究中心—印度国家转型委员会对话会在印度孟买召开. 国务院发展研究中心官网 [2018-11-02]. http://www.drc.gov.cn/DocView.aspx-?chnid=353&docid=2897277&leafid=223.

② 张来明在第二届中印高端智库对话会上总结讲话. 中国经济时报公众号 [2016-11-18]. https://finance.sina.cn/2016-11-18/detail-ifxxwsix4030080.d.html.

中的份额。中印两国都能够通过推进改革来提升经济活力,通过扩大开放来改善商业环境、提升国际竞争力;通过技术创新、推进基础设施投资和城镇化来扩大内需,为经济增长提供新动力;扩大本国市场开放程度,降低关税和减少非关税贸易壁垒,推动各自国家的对外贸易和经济发展,推动两国产业深度融入全球产业链。

第二,高端智库对话可一起研讨经济转型与结构性改革。这对两国经济的发展来说都是重大现实课题,两国都面临投资、消费和贸易结构不合理问题,当前全球经济低速增长和风险凸显的根源就在于结构性失衡。各自国家的经济结构都还存在的问题,比如印度的土地问题、农村劳动人口问题,中国的杠杆率过高问题、生产率下降问题、资产错配问题,等等。近年来各自国家都有了结构性改革的方向和具体措施,例如 2014 年以后,印度新一届政府采取不少措施来调整经济结构,如智慧城市建设、税收政策调整、金融政策调整等。中国的结构性改革重点包括盘活存量资产、激活微观活力、激发创新活力、提高制造业竞争力和生产率、提升对外开放水平、增强发展的包容性和可持续性等。

在经济转型和结构调整方面,两国有很多可以互相学习和借鉴的地方。中印两国应该加强结构性改革方面的合作,共同促进全球经济治理规则完善,在促进两国共同发展的同时为解决全球经济结构失衡问题做出新贡献。

第三,可讨论全球与区域贸易协定下的中印经济合作。大家都高度关注全球与区域贸易协定对中印经济合作的影响。专家们认为,"跨太平洋伙伴关系协定"(TPP)可能会给中印两国贸易和经济增长带来负面影响,中印两国可以采取相应措施来减少负面影响:一是减少本国对外贸易的限制,营造良好的对外贸易环境;二是积极推动双边和多边经贸规则的制定和实施,共同推进"区域全面经济伙伴关系协定"(RCEP)谈判;三是积极参与全球经济治理与全球贸易规则的完善和重构,为发展中国家争取更多的制度性话语权。值得一提的是,专家们谈到,中国的"一带一路"倡议与印度的"香料之路""季风计划"有诸多交汇点,印度政府提出的"印度制造""智慧城市""技能印度""数字印度""清洁印度"等一系列发展战略和行动计划,与中国的"中国制造 2025"和"建设智慧城市"等规划有很多相通之处。发挥两国比较优势,推进两国务实合作,有利于挖掘两国的合作潜力、促进区域合作,有利于维护世界贸易和投资秩序。

（四）深入开展高端教育论坛

中印两国应当举办类似中印青年对话论坛的高端教育论坛,围绕"如何加强两国教育交流,增进了解与互信合作"主题开展。中印高校之间的人文交流还存在着许多空白。中国和印度的崛起为两国的合作,尤其是教育领域的交流创造条件,提供需求。但就目前而言,仍然存在着许多的问题,亟待青年朋友们去解决。鉴于两国在交流上存在的优势和劣势,加强两国民间沟通是十分重要的,大学生之间的交流和合作是促进双边关系积极发展的重要因素。为增进两国的理解和沟通,中印青年应当更加主动地、积极地、勇敢地发声。进入 21 世纪以来,中印两国已经成为推动世界经济增长的重要力量。因此,加强双方教育交流,能够促进两国之间更加深入地了解,也能够促进彼此在经济、教育和文化等各方面的往来和合作,为两国民众在各领域的交流创造更多机遇。

六、促进中印双向留学生良性发展

随着中国和印度的综合国力不断增长,两国日益走向世界舞台的中央。从 2008 年开始,中国就成为印度的最大贸易伙伴,经济贸易交往不断深入。加强与对方在教育领域的合作,促进民间的理解和交流,有助于增进彼此之间的信任。发掘两国各自的高等教育优势,积极推动双向留学生教育的发展,既是国家整体建设的需要,也是高等教育国际化发展的必然趋势。

（一）加大对赴印度留学的支持力度,为"一带一路"建设培养国别区域研究人才

1. 扩大公派留学生规模,培养通晓印度主要官方语言的人才

通过采取政策扶持,鼓励更多的外国语大学和综合性大学开设印地语、泰米尔语等非通用语种专业,有计划地派遣留学生学习印度主要官方语言,

在真实的语言环境中提升语言水平,对印度的国情进行客观、理性的观察和判断,逐渐培养一批高水平、复合型非通用语种专业人才,助力"一带一路"建设,满足当地中资企业和我国各类教育、研究机构对人才的基本需求。

2. 扩大非语言类专业赴印度公派留学的支持力度

有计划地派遣经济、工程、传媒、法律等更广泛领域的专业人员赴印度留学,深入研究当地的社会结构、经济结构,了解当地不同群体的思维方式、宗教信仰和民间习俗,考察不同地区之间发展不平衡的实际情况,理解各种宗教对于印度人精神生活的重要性及其社会影响,打通与印度精英阶层的沟通渠道,获取一手资料和信息,做到"知己知彼",能够为国别区域研究提供真实可靠的信息和策略,为"一带一路"建设和国家的政治外交提供有力支撑。

3. 提高艰苦地区留学资助标准,提供更为便利的留学服务

中国公派留学制度对赴艰苦地区的学生提供一定数量的额外补贴,其中印度为每月100美元。在国内生活水平快速提高的情况下,这个补贴标准远不足以调动学生的积极性。比较印度的地区差异可以发现,大城市的房租费用高昂,留学生的生活费并不宽裕。提高赴艰苦地区留学的资助标准,不仅是经济上的支持,也是对赴艰苦地区学习、服务国家建设的一种肯定和鼓励。与此同时,针对留学生签证等问题,协调印度方面寻求解决对策,则可以使留学生有更多的时间安心学习,取得更好的学习效果。

4. 多种方式并举,鼓励赴印度自费留学

印度政府分别于2018年和2019年发布了卓越教育机构名单,其中公立和私立大学各10所。这些大学将在未来5年内获得专项拨款,努力建设世界一流大学。此外,中资企业近年来在印度的发展速度很快,移动通信、电子商务、建筑工程等行业的大企业纷纷在印度投资,高薪招聘愿意在印度工作的专业人才。政府、高校、民间教育机构和中资企业联动,将优质印度高校和专业的信息以及中资企业的用人需求介绍给我国高校和学生,多种渠道形成合力,鼓励自费赴印度留学,有助于加快培养各领域的紧缺人才。

（二）支持两国高校的直接合作，促进文化理解和人文交流

1. 加快推动签署中印之间学历学位互认协议

通过政府、高等教育机构、企业以及民间友好团体的协同努力，充分发挥各方的积极作用，加快推动两国之间签署互认学历学位的协议，有利于两国发展留学生教育，进一步提高教育质量，提升国际影响力。

2. 加强正面宣传和引导，鼓励我国与印度高校之间开展合作

通过政府和民间的多种渠道，加强对印度的经济、技术、社会的客观报道和正面宣传，鼓励两国高校开展学生互换项目、开发短期游学项目、互相提供专业信息和招生入学信息，推动高校之间直接合作，有助于双方走出刻板印象，看到对方的优势和潜力。

3. 继续大力发展印度来华留学生教育，促进文明互鉴与交流

印度政府和民间的研究专家非常关注中国的发展动态，但这些人大部分不通汉语，高度依赖英文媒介，不可避免地受到西方观念的影响。印度精英阶层对中国的态度截然相反。很多印度学生来华之后，发现真实的中国与本国的媒体宣传有天壤之别。大力推动和发展印度来华留学生教育，有意识地加强招生宣传力度，逐步引导改善印度来华留学生过度集中在医学专业的状况，从长远意义上争取更为有利的国际舆论环境，扩大对华友好的民间基础和有生力量。

（三）明确留学生招生标准，提高留学生培养质量

1. 统筹规划留学生招生政策，重视教育培养质量

中国教育部每年对招收英语授课的临床医学专业院校和招生名额作出明确规定，但并未限制中文授课的医学专业继续大量招生，这些学生的培养质量问题亟待引起重视。就国家宏观管理而言，需要加强对印度学生学习

需求和回国后就业情况的研究,统筹规划医学专业的留学生招生政策,制定医学专业留学生的录取标准,鼓励印度的 HSK 考试中心有针对性地开设医学汉语培训课程;就培养院校而言,需要优化学校的资源配置,加大英语授课师资的培养力度,加快完善实习实践基地建设,实事求是地评估学校师资力量与招生培养的负荷能力,严格执行毕业考核标准,通过良好的教育质量和国际声誉吸引更多的印度学生来华留学。

2. 给予高校必要的自主权,积极参与教育国际竞争

随着世界范围内高等教育国际化的深入发展,留学生教育成为发达国家重要的出口行业,不仅获取了巨额经济利益,创造了大量就业岗位,而且还为高等教育提供了重要的资金来源,留学经济成为衡量一个国家教育竞争力的重要标志。

重视留学生教育带来的经济收益,正是全球高等教育市场化竞争的必然结果。印度来华留学生大部分为自费生,对缩小我国的教育服务贸易逆差、提升国际竞争力具有非常重要的作用。客观分析留学生教育的特点和规律,给予我国高等院校必要的管理自主权,保证高水平的师资力量和充足的管理人员队伍,提升教学质量和管理水平,是留学生教育发展的根本需要和必然路径。随着我国高等教育改革的深化和教育对外开放的不断深入,中印留学生教育必将迎来更为广阔的发展前景。

参考文献

专著

1. Kewal Krishan Sethi.Child Right & Compulsory Education in India[M]. National Publishing House, 2015.

2. R.V.Vaidyntha Ayyar.History of Education Policymaking in India[M]. Oxford, 2017.

3. Vani Kant Borooah. The Progress of education of India[M].Palgrave macmillan,2017.

4. DR. Fangadhar V.Kayande Patil.Challenges of education in India[M]. Regal publications,2014.

5. Avinash Kumar Singh.Education and empowerment in India[M]. Routledge,2016.

6. DR.S.C.SHAOO.Corruption in indian education system[M]. Navyug books international, 2011.

7. Bhanu Pratap Singh, Sher Singh, Sanjay Singh.Education in emerging indian society[M]. A.P.H publishing corporation, 2012.

8. Dr.Vishal D.Pajankar, Hemant Kumar.Indian school education system: a holistic view[M]. Kunal books,2012.

9. Kalika Yadav, H.K.Khandai, Anshu Mathur.Innovations in Indian education system[M]. SHIPRA,2011.

10. Teenna Sawhn.All About—Indian Higher Education System[M]. VDM Verlag Dr.Müller,2011.

11. Bhujang Ramrao Bobade,Omshiva Ligade.History of Indian Education[M]. B.R.Publishing Corporation,2017.

12. Parimala V.Rao.New Perspectives in the History of Indian Education[M]. Orient BlackSwan, 2014.

13. Dr.R.S.Chauhan,Dr.Swati Negi.Quality and Excellence in Education[M]. Global Books Organisation, 2016.

14. Praveen Jha,P.Geetha Rani. Right to Education in India Resources,institutions and public policy[M]. Routledge, 2016.

15. 宋鸿雁 . 印度私立高等教育发展研究 [M]. 太原：山西人民出版社，2010.

16. 马加力 . 当今印度教育概览 [M]. 郑州：河南教育出版社,1994.

17. 赵中建 . 战后印度教育研究 [M]. 南昌：江西教育出版社,1992.

18. 王长纯 . 印度教育 [M]. 长春：吉林教育出版社,2000.

19. 赵中建 . 印度基础教育 [M]. 广州：广东教育出版社,2007.

20. 中印联合编审委员会 . 中印文化交流百科全书 [M]. 北京：中国大百科全书出版社,2014.

21. 尚会鹏 . 中国人与印度人文化传统的比较研究 [M]. 北京：社会科学文献出版社,2015.

22. 钱林森 . 中外文学交流史：中国—印度卷 [M]. 济南：山东教育出版社,2016.

23. 薛克翘 . 中印文化交流史话 [M]. 北京：商务印书馆,2007.

24. 谭中 . 印度与中国：两大文明的交往和激荡 [M]. 北京：商务印书馆,2006.

25. 牛根富 . 谭云山现象与 21 世纪中印文化交流 [M]. 北京：文化艺术出版社,2015.

26. 王树英 . 中印文化交流 [M]. 北京：中国社会出版社,2014.

27. 尹锡南 . 中印人文交流研究：历史、现状与认知 [M]. 北京：时事出版社,2016.

28. 沈有禄 . 中国、印度基础教育比较研究 [M]. 北京：人民出版社,2011.

期刊与论文

1. 张筱晨 . "一带一路"背景下中印合作面临的机遇、挑战与前景 [D]. 南昌：南昌大学,2016.

2. 于洗河，徐庆辉 . "一带一路"视阈下发展印度来华学医留学生教育

的策略研究 [J]. 中国高等医学教育,2017（5）.

3. 陈水胜,席桂桂."一带一路"倡议的战略对接问题：以中国与印度合作为例 [J]. 南亚研究季刊,2015（4）.

4. 张继明. 近代以来印度私立高等教育发展历程及启示 [N]. 贵州师范大学学报(社会科学版),2018（1）.

5. 朱文,张浒. 我国高等教育国际化政策变迁述评 [J]. 高校教育管理,2017（2）.

6. 周菲. 我国高等教育国际化政策的嬗变及特征——基于国家教育政策文本的分析 [J]. 黑龙江高教研究,2014（4）.

7. 林家宜."一带一路"背景下印度多语教育政策研究 [D]. 昆明：云南师范大学,2018.

8. 安双宏. 印度教育60年发展的成就与问题评析——基于教育政策的视角 [J]. 比较教育研究,2011（6）.

9. 孔令帅,陈铭霞. 印度教育国际化政策、效果及问题 [J]. 比较教育研究,2017（5）.

10.雷鸣,杨文武. 中国和印度高等教育体制比较 [J]. 南亚研究季刊,2010（2）.

11.李新春. 中印地缘关系及我国的对策研究 [J]. 中国石油大学,2008.

12.林明辉,刘晔,吴晓松. 中印教育发展模式与合作机制研究 [J]. 经济师,2013（8）.

13.蒋伟明,薛克翘. 中印文化交流五十年——回顾与思考 [J]. 南亚研究,2000（1）.

14.李云霞. 中印现代化比较研究 [D]. 长春：东北师范大学,2007.

15.柳溪. 中印战略合作伙伴关系研究 [D]. 石家庄：河北师范大学,2007.

16.李亚文. 2019年中国南亚学会年会会议综述 [N]. 北方工业大学学报,2020（3）.

17.冉凌峰. 云南与印度高等教育合作研究 [D]. 昆明：云南师范大学,2013.

18.杨思灵,高会平. 中印冲突与合作的条件——基于情势变更理论的分析 [J]. 印度洋经济体研究,2018（6）.

19. 梁潜 . 由发展模式异同到中印经济的合作 [J]. 消费导刊, 2009（11）.

20. 方守江 . 中国学生国际流动：驱动力及风险防范 [D]. 上海：华东师范大学, 2010.

21. 孟娇 . 中学办学国际化管理策略研究 [D]. 北京：中央民族大学, 2015.

网站

1. 中国人民大学发挥学科优势汇聚学术资源助力"一带一路"倡议 . 中华人民共和国教育部网站 [2019-04-26].http://www.moe.gov.cn/jyb_xwfb/s6192/s133/s135/201904/t20190426_379707.html.

2. 兰州大学积极服务"一带一路"倡议 . 中华人民共和国教育部网站 [2019-01-30].http://www.moe.gov.cn/jyb_xwfb/s6192/s133/s220/201901/t20190130_368547.html.

3. 四川大学深入实施助推"一带一路"建设行动计划 . 中华人民共和国教育部网站 [2019-01-29]. http://www.moe.gov.cn/jyb_xwfb/s6192/s133/s208/201901/t20190129_368361.html.

4. 复旦大学打好"组合拳"服务"一带一路"建设 . 中华人民共和国教育部网站 [2019-01-17]. http://www.moe.gov.cn/jyb_xwfb/s6192/s133/s164/201901/t20190117_367204.html.

5. 上海电力学院：为"一带一路"培养光明使者 . 中华人民共和国教育部网站 [2017-06-06].http://www.moe.gov.cn/jyb_xwfb/moe_2082/zl_2017n/2017_zl29/201706/t20170606_306466.html.

6. 日媒：印度经济无法超越中国 差距越拉越大 . 搜狐网 [2017-08-17]. https://www.sohu.com/a/165229649_114984.

7. 教育史上的今天 . 中华人民共和国教育部门户网站 [2011-06-13]. http://www.moe.gov.cn/jyb_sjzl/moe_1695/tnull_35830.html.

8. 今天凌晨 印度总理莫迪抵达武汉 . 湖北日报 [2018-04-27]. https://zj.zjol.com.cn/news/926722.html.

9. 牵手印度，搭建中印教育友好之桥. 新浪网 [2006–04–20]. http://news.sina.com.cn/o/2006–04–20/14268749043s.shtml.

10. 万极留学. 中国在印度留学生状况 [EB/OL]. http://www.wanjiedu.com/newsinfo/news_13_923.shtml. 2017–01–14.

11. 北京大学国际合作部新闻中心 [EB/OL]. http//www.oir.pku.edu.cn/info/1035/2524.htm.

12. 中华人民共和国教育部中外合作办学监管信息工作平台 [EB/OL]. http://www.crs.jsj.edu.cn/aproval/orglists.

13. 孔子学院总部 / 国家汉办官方网站 [EB/OL]. http: //www.hanban.org/confuciousinstitutes/node_10961.htm.

14. 乔章凤. "一带一路" 建设亟须构建语言的互联互通. 光明网 – 理论频道 [2019–05–09]. https://www.sinoss.net/2019/0509/87478.html.

15. http://www.jnu.ac.in/Academics/Schools/SchoolOfInternationalStudies/CEAS/faculty_regular.htm, 2011–03–16.

16. http://eastasia.du.ac.in/, 2011–03–16.

17. http://www.visva–bharati.ac.in/Faculty/faculties/facultyContents.htm, 2011–03–16.

18. 印度外长：中印需学习彼此的语言. 五毛网 [2018–05–07]. http://www.wumaow.org/p/10826.html.

19. 中国学院，见证中印文化交流. 环球时报 [2006–03–19]. http://news.sina.com.cn/c/cul/2006–03–19/18418477324s.shtml.

20. "汉语桥" 架起中印文明互鉴交流的桥梁——第十八届 "汉语桥" 世界大学生中文比赛印度赛区决赛圆满落幕. 新华网 [2019–05–27]. http://www.xinhuanet.com/world/2019–05–27/c_1210144553.htm.

21. "中印 +" 模式促进多边合作共赢. 杨凡欣 [2019–03–08]. http://www.myzaker.com/article/5c820a8d77ac6435504f92c4.

22. 第四届中国国务院发展研究中心——印度国家转型委员会对话会在印度孟买召开. 国务院发展研究中心官网 [2018–11–02]. http://www.drc.gov.cn/DocView.aspx?chnid=353&docid=2897277&leafid=223.

23. 张来明在第二届中印高端智库对话会上总结讲话. 中国经济时报公众号 [2016–11–18]. https://finance.sina.cn/2016–11–18/detail–ifxxwsix4030080.

d.html.

24.印度人力资源发展部（Ministry of Human Resource Development）. https://www.mhrd.gov.in/hi.

后记

《"一带一路"背景下中印教育交流合作研究》一书能够顺利完成,要感谢的人很多。

首先本课题能够启动要感谢四川大学南亚研究所的大力支持,四川大学南亚研究所长期以来支持所内学者们的学术研究,为学者们提供专项经费及科研平台。笔者能在此工作学习,实属有幸。同时要感谢李涛所长对本课题的指导,以及所内各位同人们提出的宝贵建议,在此就不一一赘述。

在课题的研写过程中,2020年初新型冠状病毒肺炎疫情在全球突发,给课题组的研写带来了不少困难。最终得以完成要感谢课题组成员的潜心研究,感谢四川时代专修学院研究中心的蒋明富老师、彭宴婷老师、曹懿雯老师、邬茗晶老师,他们收集大量资料并进行整理,实属不易。

"国之交在于民相亲,民相亲在于心相通。"民心相通是"一带一路"建设的重要内涵,而教育合作、文化融通、文明对话则是促进沿线国家和地区民心相通的必由之路。印度作为毗邻我国的发展中大国,也是"21世纪海上丝绸之路"的重要国家。笔者认为目前的研究尚不够深入,仅仅是打开了两国教育合作交流研究的突破口,十分有必要将此课题沿续下去。

研究之路,道阻且长。由于笔者研究水平有限,本书还有许多不足之处。未来学术之路上,在众多同人及学者的帮助下,笔者将满怀信心地继续走下去。

向元钧